Hassan Satori

Reconnaissance Automatique de la langue Arabe en Utilisant le Système

Hassan Satori

Reconnaissance Automatique de la langue Arabe en Utilisant le Système

Presses Académiques Francophones

Impressum / Mentions légales
Bibliografische Information der Deutschen Nationalbibliothek: Die Deutsche Nationalbibliothek verzeichnet diese Publikation in der Deutschen Nationalbibliografie; detaillierte bibliografische Daten sind im Internet über http://dnb.d-nb.de abrufbar.
Alle in diesem Buch genannten Marken und Produktnamen unterliegen warenzeichen-, marken- oder patentrechtlichem Schutz bzw. sind Warenzeichen oder eingetragene Warenzeichen der jeweiligen Inhaber. Die Wiedergabe von Marken, Produktnamen, Gebrauchsnamen, Handelsnamen, Warenbezeichnungen u.s.w. in diesem Werk berechtigt auch ohne besondere Kennzeichnung nicht zu der Annahme, dass solche Namen im Sinne der Warenzeichen- und Markenschutzgesetzgebung als frei zu betrachten wären und daher von jedermann benutzt werden dürften.

Information bibliographique publiée par la Deutsche Nationalbibliothek: La Deutsche Nationalbibliothek inscrit cette publication à la Deutsche Nationalbibliografie; des données bibliographiques détaillées sont disponibles sur internet à l'adresse http://dnb.d-nb.de.
Toutes marques et noms de produits mentionnés dans ce livre demeurent sous la protection des marques, des marques déposées et des brevets, et sont des marques ou des marques déposées de leurs détenteurs respectifs. L'utilisation des marques, noms de produits, noms communs, noms commerciaux, descriptions de produits, etc, même sans qu'ils soient mentionnés de façon particulière dans ce livre ne signifie en aucune façon que ces noms peuvent être utilisés sans restriction à l'égard de la législation pour la protection des marques et des marques déposées et pourraient donc être utilisés par quiconque.

Coverbild / Photo de couverture: www.ingimage.com

Verlag / Editeur:
Presses Académiques Francophones
ist ein Imprint der / est une marque déposée de
OmniScriptum GmbH & Co. KG
Heinrich-Böcking-Str. 6-8, 66121 Saarbrücken, Deutschland / Allemagne
Email: info@presses-academiques.com

Herstellung: siehe letzte Seite /
Impression: voir la dernière page
ISBN: 978-3-8416-2819-0

Copyright / Droit d'auteur © 2015 OmniScriptum GmbH & Co. KG
Alle Rechte vorbehalten. / Tous droits réservés. Saarbrücken 2015

Résumé

Ce travail, est une contribution au traitement Automatique de la Parole, dans lequel nous avons étudié et réalisé un système de reconnaissance automatique de la parole en utilisant un environnement basé entièrement sur la langue arabe (base de données audio, base de données texte, transcriptions, affichage de résultat, etc.).

Dans le but d'étudier les paramètres les mieux adaptés à la langue arabe nous avons développé un système de référence à base des modèles de Markov cachés pour la reconnaissance de la parole continue. Le système est constitué de modèles phonétiques dépendants du contexte, il a été mis au point avec la plate-forme Sphinx4 à travers la modification et la construction de nouveaux outils appropriés à la langue arabe. Le système, a été testé pour différents locuteurs dans le but d'évaluer ses performances. Les résultats de tests de reconnaissances sont satisfaisants. La réalisation du système a été faite avec succès.

Mots-clés: *Reconnaissance automatique de la parole, langue arabe, HMM, Modèle acoustique, CMUSphinx4, SphinxTrain, Intelligence artificielle.*

Abstract:

In this thesis Arabic was investigated from the speech recognition problem point of view. We propose a novel approach to build an Automated Speech Recognition System using entirely Arabic environment i.e. speech database, text database pronunciation dictionary display of results ... are entirely in Arabic. The system is based on the open source CMU Sphinx-4 which is HMM-based, speaker-independent. To achieve our goal new method were proposed and new scripts were added to fine tuning CMUSphinx for Arabic. Also, different parameters in the system were adjusted through preliminary experiments in which we observed the performance of the system. Test results are very satisfactory; we demonstrate the possible adaptability of the system to Arabic language.

Key Words: Speech recognition, Arabic language, HMMs, CMUSphinx-4, Artificial intelligence, acoustic models, SphinxTrain.

Remerciements

Ce travail a été réalisé au sein de l'UFR Informatique et Nouvelles Technologies d'Information et de Communication, Faculté des Sciences Dhar-Mehraz Fès, Université Sidi Mohammed Ben Abdellah sous la direction de Monsieur Mostafa Harti, Professeur à l'Université Université Sidi Mohammed Ben Abdellah, Faculté des sciences Fès, auquel j'exprime tous mes remerciements pour m'avoir accepté dans son UFR et dirigé ce travail.

Je tiens à exprimer ma profonde gratitude à Mr. Noureddine Chenfour, Professeur à l'Université Sidi Mohammed Ben Abdellah, Faculté des sciences Fès, pour m'avoir confié un sujet très intéressant et d'actualité et pour avoir co-dirigé ce travail.

J'exprime mes remerciements à Mr. Rachid Benslimane, Professeur à l'Ecole Supérieure de Technologie (EST) Fès, pour l'intérêt qu'il a accordé à ce travail et pour l'honneur qu'il m'a fait en présidant le jury de thèse.

Je remercie, Mr. Abdelhak Moradi, Professeur à Ecole Nationale Supérieure d'Informatique d'Analyse Des Systèmes (ENSIAS) Rabat, pour les discussions fructueuses que nous avons eu et pour ses remarques. Je le remercie également pour l'intérêt qu'il a manifesté pour ce travail et pour avoir accepter de le juger.

Mr. Tajjeeddine Rachidi, Professeur à l'Université Al Akhawayn, Ifrane, trouve ici le témoignage de mes remerciements pour l'intérêt à susciter chez lui et pour avoir accepté d'assumer la tâche de rapporteur.

Je remercie Mr. Abdellah Yousfi Professeur à la faculté des sciences juridiques Économiques et sociales, Université Mohamed V Souissi Rabat, pour ses conseils, son encouragement et sa collaboration.

Mes remerciements vont également à Mr. Mohammed Kaouam président de l'université Chouaib Doukkali El-Jadida pour ses encouragements.

Mes collègues, de la présidence de l'université Chouaib Doukkali El-Jadida et de l'Ecole Nationale des Sciences Appliquées, trouvent ici ma plus sincère sympathie pour l'amitié qu'ils m'ont témoigné.

Un tout grand merci à tous ceux, famille et amis, qui m'ont soutenue et aidée tout au long de ces années.

J'ai une pensée toute particulière pour Messieurs les professeurs El Mustapha Feddi et El Mahdi Assaid, qu'ils trouvent ici l'expression de ma gratitude.

Je n'oublierai pas d'exprimer ma reconnaissance au groupe CMU Sphinx de l'université Carnegie Mellon qui ont développé l'open source CMUSphinx.

Je remercie également Mr. Hussein Hiyassat à l'Arab Academy for Banking and Financial Sciences, Jordanie, pour les discussions que nous avons eu et pour son amitié.

TABLE DES MATIERES

- INTRODUCTION GENERALE 7
- **PARTIE A** 10
- RECONNAISSANCE DE LA PAROLE 10
  - CHAPITRE 1 11
  - *Historique de la Reconnaissance Automatique de la Parole* *11*
    1. Introduction 11
    2. Historique 11
    3. La reconnaissance automatique de la parole 13
    4. Traitement automatique de la langue arabe 16
    5. Conclusion 17
  - CHAPITRE 2 18
  - *Reconnaissance de la parole* *18*
    - Introduction 18
    1. Analyse du Signal Vocal 19
      - 1.1 Analyse acoustique 20
        - 1.1.1 Mise en forme du signal de parole 20
        - 1.1.2 Calcul de cœfficients 24
        - 1.1.3 Cœfficients MFCC 25
    2. Classification 26
      - 2.1 Classification statistique 27
    3. Modèles de Markov Cachés et la RAP 28
      - 3.1 La chaîne de Markov 28
      - 3.2 Modèles de Markov cachés 32
      - 3.3 Mise en ouvre des HMM 34
        - 3.3.1 Evaluation de la vraisemblance d'un modèle (Lefevre, 2000) 35
          - 3.3.1.1 Algorithmes forward et backward 36
        - 3.3.2 Décodage (Lefevre, 2000) 38
        - 3.3.3 Apprentissage 39
    4. Modèle acoustique pour la reconnaissance automatique de la parole (Dupont, 1996) 40
    5. Modèles de langages et reconnaissance de la parole 42
      - 5.1 Modèles n- grammes 43
    6. Décodage et reconnaissance de la parole 44
    7. Conclusion 44
- **PARTIE B** 45
- CMU SPHINX ET SON APPLICATION A LA RECONNAISSANCE DE LA LANGUE ARABE 45
  - CHAPITRE 3 46
  - *Système de Reconnaissance automatique de la Parole Sphnix4* *46*
    1. Introduction 46
    2. Architecture du Sphinx4 47
      - 2.1 FrontEnd 49
      - 2.2 Base de connaissance (Knowledge Base) 50
        - 2.2.1 Modèle Acoustique 51
        - 2.2.2 Dictionnaire (Dictionary) 53
        - 2.2.3 Modèle de Langage (Language model) 53
      - 2.3 Décodeur (Decoder) 53
    3. Conclusion 54
  - CHAPITRE 4 55
  - *Propriétés des Phonèmes de la Langue Arabe* *55*
    1. Introduction 55
    2. Propriétés des phonèmes de la langue arabe 56
      - 2.1 Les Voyelles (V) 57
      - 2.2 Les Consonnes (C) 59
    3. Syllabes de la langue arabe 61
    4. Conclusion 62
  - CHAPITRE 5 63
  - *Préparation d'un Modèle Acoustique* *63*
    1. Introduction 63

  2. Configuration de SphinxTrain 63
  3. Modèle acoustique 66
  4. Conclusion 71
CHAPITRE 6 72
Système de Reconnaissance de la Langue Arabe... 72
  1. Introduction 72
  2. Préparation des bases de données d'apprentissages... 72
    2.1 Base de données d'apprentissage Adigits.. 73
    2.2 Base de données d'apprentissage Acommand 75
  3. Configuration des paramètres du système 78
    3.1 Configuration des paramètres d'apprentissage 78
    3.2 Configuration des paramètres de décodage... 81
  4. Expériences et résultats 82
  5. Conclusion... 85
CONCLUSION GENERALE.. 86
REFERENCES 88
LISTES DES TABLEAUX ET FIGURES 96
  1. Liste de figures... 96
  2. Liste de tableaux 98
ANNEXES.. 100
ANNEXE A 101
Liste des publications 101
  Revues internationales... 101
  Conférences internationales 101
ANNEXE B 103
Configuration de Sphinx4.. 103
ANNEXE C 117
Hypothèses simplificatrices pour un HMM 117
ANNEXE D 120
Fichier de configuration de Sphinx_train pour la langue arabe.. 120
ANNEXE E 124
Association Phonétique Internationale 124
ANNEXE G 125
Algorithmes 125
ANNEXE F 128
Règles de Probabilités 128

Introduction Générale

La Reconnaissance Automatique de la Parole (RAP) par les machines est depuis longtemps un sujet de recherche qui fascine le public mais représente un défi pour les spécialistes. Dialoguer avec une machine était le sujet principal de plusieurs films de la science fiction des années 60. Ce rêve est devenu maintenant une réalité grâce aux travaux réalisés dans le domaine de la RAP [(Haton et al. 2006) ; (Barras, 1996)].

La RAP consiste à extraire, à l'aide d'un ordinateur, le message oral contenu dans un signal de parole. C'est une technologie qui utilise une combinaison efficace de techniques de traitement de signal, de classification de formes, de modèles statistiques puissants dont les paramètres sont estimés sur une base de données d'entrainement. Depuis plus d'un demi-siècle, de nombreux laboratoires internationaux ont mené des recherches intensives dans ce domaine et des progrès importants ont été réalisés, notamment grâce au développement d'algorithmes puissants et de techniques de traitement numérique du signal. Beaucoup d'outils et de connaissances relatives au mécanisme de la RAP sont maintenant disponibles. Une expérience importante a également été acquise concernant la mise en ouvre des algorithmes de la RAP (Boite et al., 2000).

Plusieurs systèmes de RAP ont été développés. Parmi les systèmes les plus connus, on trouve Dragon Naturally Speaking, IBM Via voice, Microsoft SAPI. Des Open Sources utilisées dans la recherche scientifique, libres à télécharger sont aussi disponibles, citons : HTK (Young, 1994), ISIP (Deshmukh, 1999), AVCSR (Li et al., 2002) et CMU Sphinx [(Lee et al., 1990) ; (Huang et al., 1993) ; (Ravishankar, 1996)].

Bien que la langue arabe soit une langue très répandue (plus de 250 millions de locuteurs arabophones), peu de travaux de recherches pour la reconnaissance automatique de cette langue ont été fait en comparaison avec d'autres langues du même ordre d'utilisation.

Pour cette raison, nous nous proposons dans cette thèse d'étudier la reconnaissance automatique de la parole en général, et celle de la langue arabe en particulier en réalisant un système de reconnaissance propre à la langue arabe à partir d'un système de base (open source). Le système de base choisi est Sphinx4, il est basé sur les Modèles de Markov Cachés, en anglais Hiden Markov Models (HMM) (Huang, 1990). Le Sphinx4 est librement disponible (Open Source) et il est actuellement l'un des systèmes de reconnaissance de parole les plus puissants. Aussi, permet-il à des groupes de recherche avec des budgets modestes de développer et de conduire des applications de recherches dans la reconnaissance de la parole. Pour ces raisons, nous avons choisi ce système comme plateforme pour développer notre système de reconnaissance automatique de la langue arabe [(Satori et al., 2007a) ; (Satori et al., 2007b)].

Cette thèse comporte 6 chapitres.

Dans la première partie du premier chapitre on présente un historique sur la reconnaissance automatique de la parole et les importantes étapes qui marquent plus d'un demi-siècle de travaux dans ce domaine. La deuxième partie de ce chapitre, a été consacrée à l'examen des plus importantes littératures sur la RAP en particulier celles dédiées à la reconnaissance automatique de la langue arabe.

Quant au deuxième chapitre, il est consacré à l'étude de l'acquisition et la paramètrisation du signal vocal émis par un locuteur. Aussi, les processus de reconnaissance de la parole sont passés en revue dans ce même chapitre.

Une description générale du système de RAP Sphinx4 est présentée dans le chapitre 3. Les blocs principaux de ce système qui sont : FrontEnd, Decoder, Knowledgebase et Application ont été étudiés en plus d'une description des classes qui les composent.

Une présentation générale des phonèmes de la langue arabe et leurs propriétés, ainsi que les caractéristiques phonétiques et syllabiques ont été discutées dans le chapitre 4. Les données et les connaissances correspondantes sont mises à profit dans la conception et la réalisation d'un système de reconnaissance automatique de l'Arabe.

Dans le chapitre 5, est présentée la façon pour réaliser un modèle acoustique adapté à une application en langue arabe. Une procédure détaillée sera présentée dans ce même chapitre pour faire la configuration et l'apprentissage en utilisant l'outil SphinxTrain.

Le chapitre 6 est consacré à la présentation de deux applications de reconnaissance de la langue arabe (adigits et acommand) de type mots connectés a locuteurs indépendants. Les méthodes de préparation de bases de données d'entrainements de parole et de texte, ainsi que les techniques de configuration et de paramétrisation du système, pour adapter la langue arabe sont décrit.

PARTIE A

RECONNAISSANCE DE LA PAROLE

CHAPITRE 1 11
Historique de la Reconnaissance Automatique de la Parole *11*
   1. Introduction 11
   2. Historique 11
   3. La reconnaissance automatique de la parole 13
   4. Traitement automatique de la langue arabe 16
   5. Conclusion 17

CHAPITRE 2 18
Reconnaissance de la parole *18*
   Introduction 18
   1. Analyse du Signal Vocal 19
      1.1 Analyse acoustique 20
          1.1.1 Mise en forme du signal de parole 20
          1.1.2 Calcul de cœfficients 24
          1.1.3 Cœfficients MFCC 25
   2. Classification 26
      2.1 Classification statistique 27
   3. Modèles de Markov Cachés et la RAP 28
      3.1 La chaîne de Markov 28
      3.2 Modèles de Markov cachés 32
      3.3 Mise en ouvre des HMM 34
      3.3.1 Evaluation de la vraisemblance d'un modèle 35
          3.3.1.1 Algorithmes forward et backward 36
          3.3.2 Décodage 38
          3.3.3 Apprentissage 39
   4. Modèle acoustique pour la reconnaissance automatique de la parole 40
   5. Modèles de langages et reconnaissance de la parole 42
      5.1 Modèles n- grammes 43
   6. Décodage et reconnaissance de la parole 44
   6. Conclusion 44

Chapitre 1

Historique de la Reconnaissance Automatique de la Parole

1. Introduction

Plusieurs techniques et systèmes ont été proposés et développés dans la littérature pour l'étude de la reconnaissance automatique de la parole. Cependant et malgré que la langue arabe, est l'une des langues répondues dans le monde, très peu de résultats concernant la reconnaissance automatique de cette langue, ont été trouvés comparativement à d'autres langues, comme l'Anglais, le Français et l'Espagnol.

Dans ce chapitre, nous présentons d'une part un historique sur la reconnaissance automatique de la parole et les importantes étapes qui l'ont marquée, et d'autre part une étude des plus importantes littératures sur la reconnaissance automatique de la parole en particulier celle de la langue arabe.

2. Historique

La Reconnaissance Automatique de la Parole (RAP) est une discipline quasi contemporaine de l'informatique. Vers 1950 apparut le premier système de reconnaissance de chiffres, appareil entièrement câblé. D'autres dispositifs électroniques de reconnaissance de chiffres ou de voyelles ont été mis au point aux Etats-Unis (Olson et al., 1956), en Grand- Bretagne (Denis, 1959) au Japon (Sakai et al., 1962), en Italie (Meo et al., 1965) et en France (Dreyfus-Graf, 1950).

Le Suisse, J-Dreyfus-Graf a étudié le signal vocal filtré dans six bandes de fréquences différentes en utilisant un oscilloscope (Dreyfus, 1950). Aux Etats-Unis et en 1952, Davis et al. réalisaient le premier système de reconnaissance des chiffres prononcés isolément par un seul locuteur (Davis et al., 1952). En 1956, Wiren et Stubbs ont utilisé les idées de Jakobson (Jakobson et al., 1952) pour séparer les voyelles dans une prononciation multi locuteurs (Wiren et al., 1956).

Dudley et al. se sont intéressés à la reconnaissance phonétique. Ils ont donné une description d'un système de reconnaissance fondée sur une segmentation des mots en unités phonétiques (Dudley et al., 1958). En 1958 à Londres, P. Denis a utilisé les fréquences des suites de diphones pour améliorer les résultats d'un connaisseur de phonèmes. C'est la première fois qu'on intègre des informations de type linguistique dans un système de RAP (Denis, 1959).

Vers 1960, l'introduction des méthodes numériques et l'utilisation des ordinateurs changent la dimension des recherches. Forgie et al. ont utilisé pour la première fois l'ordinateur pour reconnaître dix voyelles différentes (Forgie et al., 1959). Néanmoins, les résultats demeurent modestes car la difficulté du problème avait été considérablement sous-estimée, en particulier en ce qui concerne la parole continue.

Un deuxième événement qui a marqué l'histoire de la RAP est l'utilisation de l'algorithme de programmation dynamique, qui est une extension du principe de Bellman (Bellman, 1957). Cette extension a été réalisée par des chercheurs Russes Vintsjuk (Vintsjuk, 1968) et Slutsker (Slutsker, 1968), puis par les japonais Sakae et Chiba (Sakoe et al., 1971). Vers 1970, la nécessité de faire appel à des contraintes linguistiques dans le décodage automatique de phrases apparaît clairement, alors que la reconnaissance de la parole avait été considérée juste une tâche d'ingénierie.

En 1975, les chercheurs de C.M.U et I.B.M ont utilisé pour la première fois les modèles de Markov cachés dans la reconnaissance automatique de la parole. Ainsi, se termine la première génération des systèmes commercialisés de reconnaissance de mots isolés, et apparaît les systèmes de reconnaissance de phrases.

Les générations suivantes, mettant à profit les possibilités sans cesse croissantes de l'informatique et l'électronique, présenteront des performances de plus en plus grandes (systèmes multi locuteurs, parole continue).
De nos jour la RAP trouve des applications dans beaucoup de domaines citons :

- L'industrie : commande de machine, aide à la maintenance.

- La médecine : commande de microscope en chirurgie.

- L'aviation : La RAP a été utilisée sur les simulateurs destinés à l'apprentissage des contrôles aériens.

- Le spatial : robot de réparation à bord des navettes spatiales.

- Les jouets : consoles de jeux (xbox, playstation, etc.).

- L'informatique : navigation sur Internet à la voix est envisagée (Zue, 1995).

- La RAP peut fournir une aide importante pour améliorer l'autonomie d'une personne handicapée, favorisant ainsi son insertion dans ses milieux familial et professionnel (Haton et al., 2006)

3. La reconnaissance automatique de la parole

Vintsyuk (Vintsjuk, 1968), Sakoe et Chiba (Sakoe et al., 1971) ont utilisé les méthodes de comparaison élastique, fondées sur la programmation dynamique pour la reconnaissance de mots isolés. Ces méthodes fournissent une solution optimale au recalage temporel nécessaire pour comparer deux formes quelconques. Cette étude a été étendue par Sakoe, (Sakoe, 1979), Myers et Rabiner, (Myers et al., 1981), pour la reconnaissance de séquences continues de mots, ou mots enchaînés.

Bahl et al. 1986 (Bahl et al. 1986) ont utilisé la méthode de la maximisation de l'information mutuelle (MMI) entre signal acoustique et la séquence de mots correspondante. Cette technique est souvent implantée en approchant les vraisemblances des séquences de mots à partir des meilleures hypothèses fournies par le système de reconnaissance de parole. Juang et Katagiri (Juang et al., 1992) ont utilisé une méthode qui se fonde sur l'approximation du nombre d'erreurs de classification des données d'apprentissage.

Rosemberg et co-auteurs (Rosemberg et al., 1998) ont utilisé la minimisation de l'erreur de vérification, qui est utilisée essentiellement en reconnaissance du locuteur. L'apprentissage des modèles acoustiques pour la reconnaissance vocale nécessite des quantités importantes de données convenablement étiquetées. Comme de telles données sont coûteuses à élaborer, ces auteurs ont proposé un modèle d'apprentissage partiellement supervisé. L'idée est d'améliorer les modèles précédents et de réduire le degré de supervision lors de la phase d'apprentissage [(Lamel et al., 2002) ; (Nguyen et al., 2004)].

L'application directe de l'algorithme EM[1] (plus de détails sur cet algorithme sont présentés dans (Huang et al., 2001)) échoue parfois, du fait d'une mauvaise adéquation entre la distribution de probabilité modélisée et la distribution réelle. C'est pourquoi Cohen et al. (Cohen et al., 2004) ont proposé une technique pour l'améliorer. Le principe est de sélectionner dans la base de données d'entrainement non transcrit les phrases les mieux reconnues par le biais de mesures de confiance. Ainsi, le nombre d'erreurs est minimisé.

Les méthodes variationnelles[2] issues de la physique, trouvent leur application en reconnaissance des formes et en traitement automatique de la parole. Jordan et al. (Jordan et al. 1999) ont présenté une introduction à l'utilisation des méthodes variationnelles bayésiennes particulièrement importante dans le cas de la reconnaissance de la parole. Ces méthodes sont en effet intéressantes pour l'apprentissage de mélanges de gaussiennes et de HMM.

---

[1] EM : Expectation Maximisation (Dempster et al., 1977)
[2] Méthodes variationnelles, issues de la physique : se sont des méthodes approximatives dont le principe est de simplifier un problème par l'ajout de paramètres supplémentaires qui sont appris de façon à fournir une solution approchée à un problème dont la solution exacte est difficile, voire impossible, à trouver.

Les méthodes variantionnelles ont été mises à profit dans les différents champs du traitement automatique de la parole. Attias et al. (Attias et al., 2001) ont utilisé une technique de résolution approximative fondée sur le calcul variantionnel pour faire le débruitage du signal vocal.

Kwon et al. (Kwon et al., 2003) ont fait la paramétrisation de la parole, à l'aide d'une analyse en composantes principales variationnelles bayésiennes. Samervuo, (Somervuo, 2002) Valente et al. (Valente et al., 2003) ont fait l'apprentissage de modèles acoustiques en utilisant l'apprentissage variationnel bayésien.

- **Systèmes hybrides**

Les HMMs sont optimaux dans le sens où, si les distributions de probabilité des classes de formes étudiées sont connues, leur classification de type bayésien donnera le taux d'erreur minimal. Ces distributions doivent être estimées à partir de la base de données d'apprentissage. Lorsque le volume de ces données est limité, il peut être intéressant de se tourner vers les modèles neuromimétiques[3] à apprentissage discriminant possédant une capacité de généralisation à partir de données incomplètes.

De nombreuses études ont porté sur l'utilisation d'un réseau neuromimétique. [(Hopfield, 1987) ; (Bourlard et al., 1990) ; (Gish, 1990) (Morgan, 1990) ; (Richard et al., 1991)] ont étudié l'utilisation d'un réseau neural en amont d'un HMM. Plusieurs systèmes ont été développés à partir de ce principe [(Franzini et al., 1990) ; (Morgan et al. 1990) ; (Cohen et al. 1990) ; (Fanty et al., 1993) ; (Lubensky et al., 1994) ; (Lazli et al., 2002)].

Huang et al. (Huang et al., 1990) et Lippmann (Lippman, 1989) ont fait des études sur l'utilisation du réseau de neurone en aval d'un HMM. La méthode a été utilisée avec succès par Lippmann et al. (Lippmann et al. 1993) pour la localisation de mots dans la parole continue.

---

[3] Un modèle neuromimétique, ou réseau de neurones artificiels (Personnaz et al., 2003), ou modèle connectionniste, ou encore *Parallel Distributed Processing , PDP model* (Rumelhart et al. 1986). Les modèles les plus utilisés en RAP sont les perceptrons multicouches, les réseaux récurents et les cartes auto-organisatrices.

4. Traitement automatique de la langue arabe

Bien que l'arabe soit l'une des langues les plus parlées dans le monde, peu de résultats concernant la reconnaissance automatique de cette langue ont été trouvés en comparaison avec d'autres langues du même ordre d'importance, comme le Mandarine et l'espagnol. Dans ce qui suit sont décrits quelques importants travaux dédiés à la reconnaissance automatique de la langue arabe.

Kirchhoff et al. (Kirchoff et al., 2002) ont fait une étude sur la reconnaissance de l'arabe dialectal. Trois problèmes ont été étudiés: (a) le manque de voyellations[4] et d'autres informations sur la prononciation dans les textes arabes; (b) la complexité morphologique de l'arabe; et (c) les différences entre l'arabe dialectal et l'arabe classique. Ils présentent de nouvelles approches pour l'automatisation de la création des textes voyellés.

Soufiane Baloul (Baloul, 2003) a fait une étude pour le développement d'un système de synthèse de la parole à partir du texte arabe voyellé. Sa contribution consiste en la construction d'une base acoustique, l'analyse syntaxique, la conversion graphème phonème et la génération de la prosodie. Il a fait aussi une présentation au traitement automatique de la langue arabe.

Yousef Ajami Alotaibi (Alotaibi, 2005) a étudié dans son article "Investigating spoken Arabic digits in speech recognition setting " les dix chiffres arabes de 0 à 9 du point de vue reconnaissance automatique de parole. Il a conçu et testé un système de reconnaissance de la parole multilocuteur, basé sur les réseaux de neurones pour la reconnaissance automatique de chiffres arabes. Pendant le processus de reconnaissance, le bruit est supprimé du signal vocal en utilisant des filtres passe bande. Le taux de reconnaissance pour son système est arrivé à 94.5% pour le mode speaker-independant. Dans son travail, Yousef Ajami Alotaibi a également fait une étude sur les spectrogrammes des dix chiffres arabes et une description phonétique et syllabique des dix premiers chiffres de l'Arabe.

---

[4] Les voyelles brèves sont figurées par des symboles appelés signes diacritiques. Ces symboles sont absents à l'écrit dans la majorité des textes arabes (Baloul, 2003).

Selouani et al. (Selouani et al., 1999) ont décrit dans leur travail " *Recognition of arabic phonetic features using neural networks and knowledge-based system a comparative study*" une approche de reconnaissance automatique de traits phonétiques de l'arabe qui utilise des réseaux de neurones formels. L'analyse acoustique est effectuée par la technique de prédiction linéaire perceptive (PLP). Une base de données d'apprentissage et de test prononcé par 6 locuteurs algériens a été utilisée pour évaluer les performances du système. Ils ont comparé les taux d'identification des macro-classes aux résultats obtenus par le système basé sur des connaissances (SARPH) en se focalisant sur les traits caractéristiques de l'Arabe qui sont l'emphase, la gémination et la durée. Ils ont trouvé que: les réseaux neuronaux restent supérieurs en identification pure, tandis que le système à base de règles prend mieux en compte les problèmes liés à la durée phonologique.

5. Conclusion

Dans ce chapitre nous avons présenté d'une part, un bref historique sur la reconnaissance automatique de la parole en citant les importantes étapes qui marquent plus d'un demi-siècle de travaux dans ce domaine ; d'autre part un examen de la littérature sur la RAP où beaucoup de méthodes, techniques et algorithmes ont été revus brièvement, en particulier quelques travaux importants sur la reconnaissance de la langue arabe.

Chapitre 2

Reconnaissance de la parole

Introduction

La figure 2.1 représente le schéma général d'un système de reconnaissance de la parole. Le schéma montre qu'un continuum de parole est transformé en une séquence de vecteurs acoustiques (paramétrisation) que nous appellerons observations ou trames. Une fois le signal convertit, le système cherche la suite de mots la plus probable parmi toutes les phrases possible. Différents processus relatifs à la mise en ouvre du système sont présentés dans la suite.

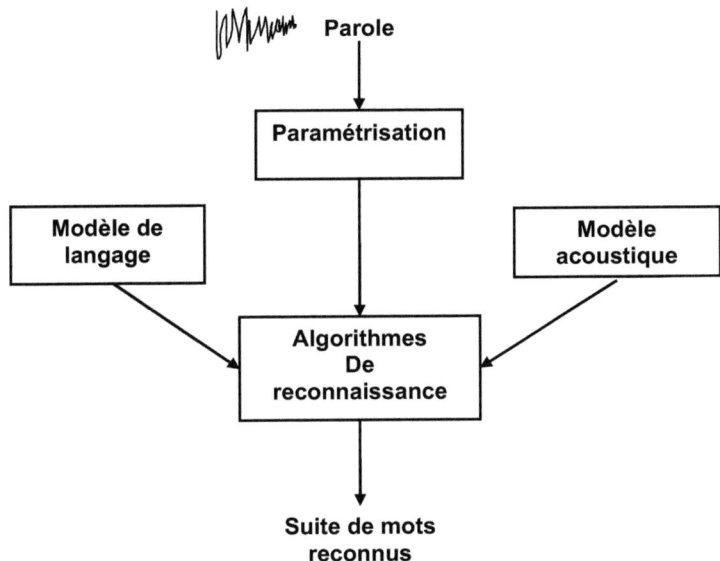

Figure 2.1: Architecture d'un système de reconnaissance automatique de la parole.

1. Analyse du Signal Vocal

Le signal de parole est une onde acoustique modulée par l'appareil phonatoire en fréquence et en amplitude (Caliope, 1989). Cette onde est généralement représentée sous la forme d'une courbe (figure.2.2 (a)) représentant les variations d'amplitude du signal au cours du temps ; ou sous la forme d'un spectrogramme (figure.2.2 (b)) qui est une représentation de l'onde sonore dans le plan formé par les deux axes temps et fréquence, l'amplitude étant représentée par le degré de noircissement. Le signal de parole peut être vu aussi comme une

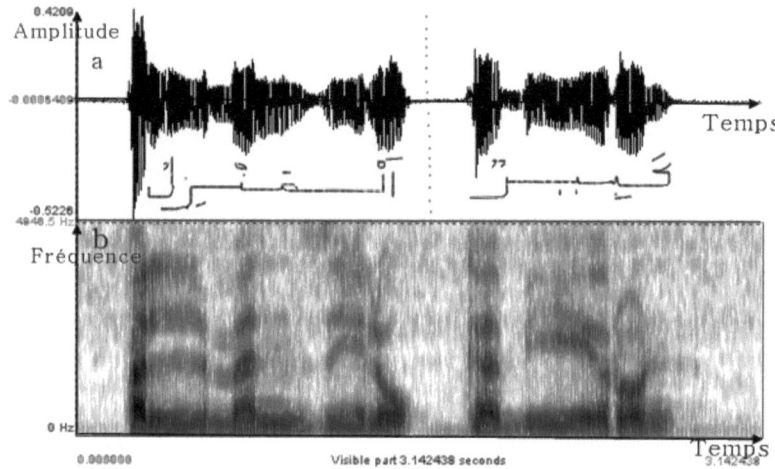

Figure 2.2 : (a) Représentation temporelle d'un signal de parole correspondant à la phrase « al manzilo kabeeron » la maison est grande et (b) le spectrogramme correspondant, tous les deux générés par le logiciel praat[5].

concaténation de réalisations acoustiques élémentaires. Ces réalisations sont connues sous le nom de phonèmes[6].

---

[5] Le logiciel praat est un outil important dédié à l'analyse du signal de la parole, librement disponible sous forme open source dans le site www.praat.org.

[6] Un phonème est une entité abstraite définie comme la plus petite unité acoustique. Chaque langue peut être alors caractérisée par un ensemble de phonèmes qui constituent les briques acoustiques à partir desquelles sont construites les syllabes les mots et les phrases. La langue arabe comporte34 phonèmes.

1.1 Analyse acoustique

Le signal de parole n'est pas directement utilisable dans un système de reconnaissance de forme. Il est nécessaire de le transformer en une forme acoustique, cette étape est appelée analyse acoustique. Cette dernière analyse consiste en une mise en forme du signale de parole et un calcul de cœfficients.

1.1.1 Mise en forme du signal de parole

- **Filtrage analogique**

Il est a noté que les informations acoustiques pertinentes du signal de parole se situent, essentiellement, dans la bande de fréquence [50 Hz - 80 kHz], le rôle principal du filtrage analogique est d'éliminer toute information hors de cette bande.

- **Numérisation**

Cette opération schématisée à la Figure 2.3, requiert successivement : un filtrage de garde, un échantillonnage et une quantification. L'échantillonnage transforme le signal à temps continu $x(t)$ en signal à temps discret $x(nT_e)$ défini aux instants d'échantillonnage, multiples entiers de la période d'échantillonnage T_e ; celle-ci est l'inverse de la fréquence d'échantillonnage $f_e = 1/T_e$. Pour satisfaire au théorème de Shannon le signal vocal doit être échantillonné à une fréquence d'échantillonnage supérieure ou égale à deux fois la plus haute composante fréquentielle f_m.

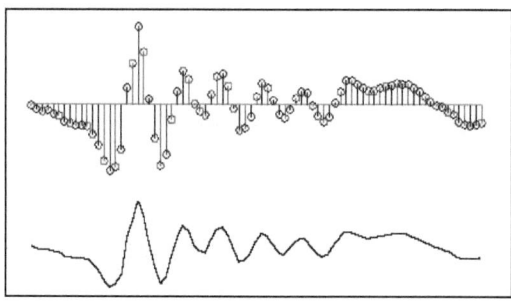

Figure 2. 3 : Signal analogique (en bas) et le signal numérique correspondant (en haut) (Huang, 2001).

c-à-d :

$f_e \geq 2 f_m$

Si les enregistrements sont effectués à travers les lignes téléphoniques

$f_m = 3.3 \, kHz$ et $f_e \geq 6.6 \, kHz$.

Si les enregistrements sont effectués dans le laboratoire, alors $f_m = 8 \, kHz$ et $f_e \geq 16 kHz$ (Yousfi, 2002).

- **Préaccentuation du signal**

La préaccentuation (figure 2.4) est un filtre qui est appliqué au signal pour avantager les sons aigus qui sont plus faibles en énergie que les sons graves. Il est donné par l'équation suivante :

$H(z) = 1 - a z^{-1}$, avec $0.9 \leq a \leq 1$ (a= 0.97 est la valeur par défaut utilisée dans le système CMUSphinx4).

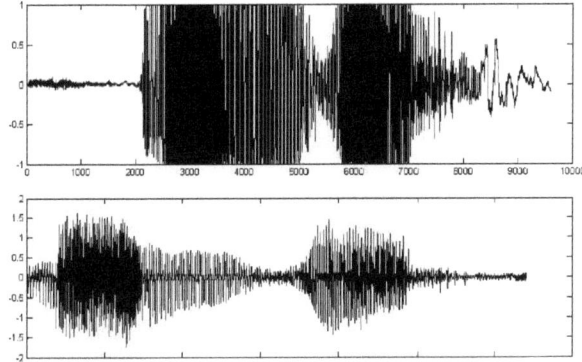

Figure 2. 4 : Résultat de préaccentuation d'un signal vocal correspondant au mot
(منزل) manzel (maison).

- **Segmentation du signal**

Le signal sonore est segmenté en trames de longueur fixe (20 à 40 ms) qui se recouvrent entre eux. Si par exemple la longueur de trame est de 32 ms et $f_e = 10$ kHz alors le nombre d'échantillons par trames est de 320.

Pour limiter les effets de bord, les trames sont multipliées par une fenêtre temporelle aplatie aux extrémités pour réduire les discontinuités du signal. De nombreuses fenêtres ont été étudiées en traitement du signal (Hamming, Hann, Kaiser, etc.). La fenêtre la plus utilisée en reconnaissance automatique de la parole est celle de Hamming (figure 2.5 et 2.6), définie par l'équation suivante :

$$h(n) = \begin{cases} 0.54 - 0.46 \cos\left(2\pi \frac{n}{N-1}\right) & si \quad 0 \leq n \leq N-1 \\ 0 \; si \; non \end{cases}$$

Où N est la taille de la fenêtre en nombre d'échantillons du signal.

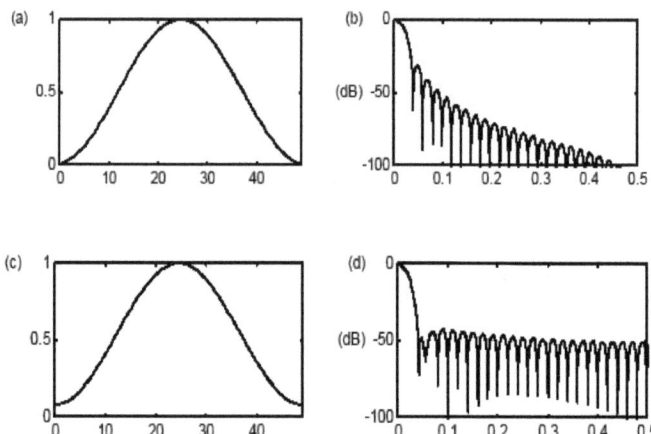

Figure 2.5 : (a) fenêtres Hanning et (b) son spectre de fréquence en dB[7]; (c) Fenêtres Hamming et (d) son spectre de fréquence en dB pour N = 50 (Huang, 2001).

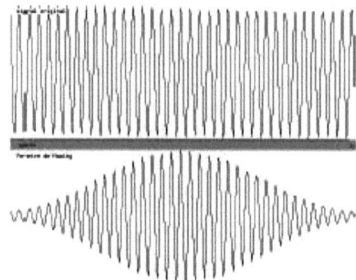

Figure 2.6 : Signal sonore avant et après sa pondération avec la fenêtre Hamming[8] (Haton et al., 2006).

La figure 2.7 ci-dessous, résume les étapes pour la mise en forme d'un signal de parole.

---

[7] Une énergie E est exprimée en unité décibel (dB) comme $\overline{E} = 10 \log_{10}(E)$. Si la valeur d'énergie est 2E, c'est donc 3dB Plus haut. Des mesures logarithmiques comme dB sont utiles parce qu'elles corrèlent bien avec le système auditif humain (Huang et al., 2001).

[8] http://parole.loria.fr

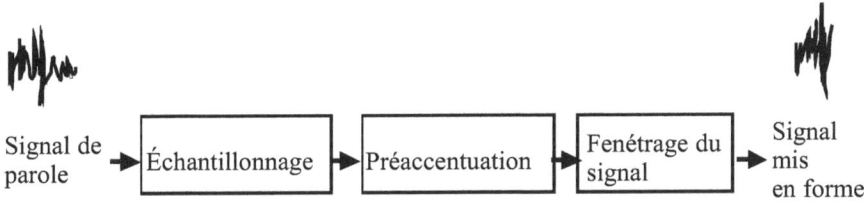

Figure 2.7 : Résumé des étapes de mise en forme d'un signal de parole.

1.1.2 Calcul de cœfficients

Les techniques les plus utilisées pour paramétrer le signal parole reposent sur la notion de cepstre. Ce dernier représente la transformée de Fourier inverse du spectre d'un signal. L'analyse cepstrale présente l'intérêt de séparer la contribution de la source de celle du conduit vocal. Ainsi, si l'on modélise le signal vocal comme le produit de convolution d'un signal d'excitation glottique g(t) de la réponse impulsionnelle h(t) du conduit vocal, la transformation $TF^{-1} o \, Log \, |.| \, o \, TF$ permet de séparer la contribution de la source g(t) de celle de h(t) (Calliope, 1989).

En traitement automatique de la parole, l'analyse cepstrale est utilisée pour extraire un vecteur de coefficients d'une trame de signal vocal. Les deux méthodes les plus connues pour réaliser cette extraction sont l'analyse spectrale avec l'application de transformation non-lineaires de l'échelle des fréquences de Mel[9] (Mel-scale Frequency Cepstral) et l'analyse paramétrique avec l'utilisation d'une estimation spectrale par prédiction linéaire (Linear Prediction Coding). Ces deux analyses vont produire respectivement, des coefficients cepstraux (Mel-scale Frequency Cepstral coefficients, MFCC) et des coefficients (Perctually-based Linear Prediction, PLP) (Caliope, 1989). Nous nous limiterons dans ce qui suit à la description du calcul des coefficients MFCC.

---

[9] L'échelle de Mel est donnée par l'équation : $M = (1000/Log2) \, Log(1 + F/1000)$, F étant la fréquence en Hz. L'intérêt de cette échelle est qu'elle est conforme à l'échelle de perception sonore et aux bandes passantes critiques de l'oreille humaine.

1.1.3 Cœfficients MFCC

Les coefficients MFCC (Davis, 1980) ont été largement utilisés en reconnaissance automatique de la parole (Haton et al., 2006). Les coefficients MFCC sont calculés en utilisant l'échelle de Mel, sous la forme d'un ensemble de filtres passe-bande triangulaires (figure 2.8).

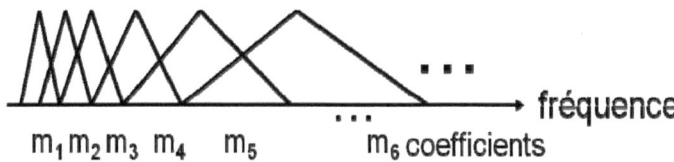

Figure 2.8 : Banc de filtre à échelle Mel pour le calcul des coefficients MFCC.

Le principal intérêt de ces coefficients est d'extraire des informations pertinentes en nombre limité en s'appuyant à la fois sur la production (théorie Cepstale) et à la fois sur la perception de la parole (échelle des Mels).
La figure 2.9 illustre les étapes successives nécessaires au calcul des coefficients MFCC.

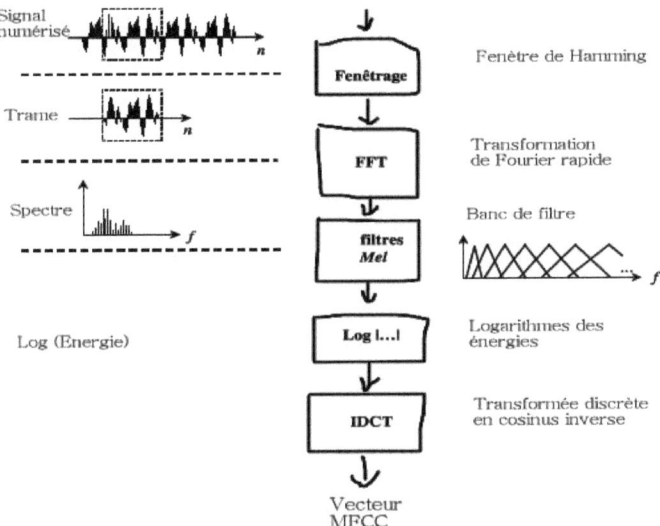

Figure 2.9 : Schéma représentant les différentes étapes du calcul des coefficients MFCC.

Finalement le signal vocal est décomposé en une séquence de segments élémentaires dont on a extrait pour chacun d'entre eux un vecteur caractéristique X $X = (X_{n1}, X_{n2}, \ldots, X_{nd})$ de dimension d, à l'instant n. Après l'extraction de caractéristique un mot ou une phrase est représenté sous la forme d'une séquence de vecteurs caractéristiques $X = (X_1, \ldots, X_n, \ldots, X_N)$.

2. Classification

Une fois que le signal vocal à reconnaître a été acquise et paramétré d'une façon satisfaisante, l'étape suivante et la classification. En effet, l'étape centrale dans la conception d'un système de RAP est le choix d'une méthode de classification. En reconnaissance de la parole le problème de classification consiste à classer les vecteurs caractéristiques $X = (X_1, \ldots, X_N)$ en termes d'unité de parole élémentaire qui pourront servir de base à la reconnaissance de mots ou de phrases. A cet effet les paramètres des classifications sont entraînés sur base d'un ensemble d'exemples de ces vecteurs caractéristiques dont on connaît (entraînement supervisé) ou non (entraînement non supervisé) la classification. Nous dénoterons l'ensemble des classes possible par $\Omega = (\omega_1,...,\omega_k,...,\omega_K)$. Il est donc nécessaire de trouver la meilleure représentation du signal et le meilleur classificateur permettant de discriminer au mieux les formes appartenant à différents classes, pour conduire aux taux d'erreur de classification minimum.

2.1 Classification statistique

Il y a trois grandes familles de méthodes de classification :
- la recherche de formes proches par comparaison dynamique,
- surfaces de décision et fonctions discriminantes,
- classification statistique.

Nous nous intéressons a cette dernière, puisque c'est la plus utilisée dans les systèmes de RAP. Le problème de classification statistique peut se formuler de la façon suivante : étant donné une observation x, quelle est la probabilité $P(\omega_k, X)$ pour que X appartienne à la classe ω_k k=1,...K ?

On peut montrer qu'un classifieur qui assigne X à la classe ω_k en supposant que la forme appartienne à l'ensemble des classes $\{\omega_1,...,\omega_k,...,\omega_K\}$

si

$$P(\omega_K|X) > (\omega_j|X) \, \forall \, j = 1,...,K \quad j \neq k \qquad \text{(eq.2.1)}$$

Commet un nombre minimum d'erreurs de classification. Cette stratégie minimale est une forme de règle de décision de Byes.

Il est en générale impossible de calculer directement la probabilité $P(\omega_K|X)$. On peut cependant l'estimer à partir de données d'apprentissage. L'algorithme d'apprentissage permet de calculer seulement la probabilité d'observer le vecteur X connaissant sa classe d'appartenance $\omega_K : P(X|\omega_K)$

$$P(\omega_K|X) = \frac{P(X|\omega_K)P(\omega_K)}{P(X)} \qquad \text{(eq.2.2)}$$

Où :

$P(\omega_K|X)$ est la probabilité a posteriori,

$P(X|\omega_K)$ est la probabilité d'observer X connaissant la classe ω_K, appelé vraisemblance (likelihood),

$P(\omega_K)$ est la probabilité a priori,

$P(X)$ est la probabilité de l'observation X.

3. Modèles de Markov Cachés et la RAP

Les Modèles de Markov Cachés (Hidden Markov Models (HMM)), sont des outils mathématiques [(Markov A., 1913), (Jacob B., 1995) ; (Huang et al ., 2001) ; (Fink G.A., 2008) ; (Jameel et al., 2002)] permettant de modéliser des phénomènes stochastiques. Ces modèles sont utilisés dans de nombreux domaines (Cappé, 2001) tels que la reconnaissance et la synthèse de la parole, la biologie, l'indexation de documents, la reconnaissance d'images, etc. Dans le cadre de ce travail nous nous intéresserons à l'utilisation des HMMs pour la reconnaissance automatique de la parole.

Ce paragraphe a pour but de décrire brièvement les HMMs en présentant quelques principes de base nécessaires à leur application, ainsi qu'une description des algorithmes qu'un système de reconnaissance automatique de la parole, à base de HMMs, utilise pour l'apprentissage et le décodage.

3.1 La chaîne de Markov

Une chaîne de Markov est un automate décrivant des processus stochastiques temporels constitué d'états reliés entre eux par des transitions. La figure 2.10 est un exemple d'une chaîne de Markov à 3 états. Les chaînes de Markov permettent de modéliser de nombreux phénomènes aléatoires où l'évolution future d'une quantité ne dépend du passé qu'au travers de sa valeur présente (Boite et al., 2000).

Soit $X = (X_1, X_2, \ldots, X_T)$ une suite de variable aléatoire de longueur T et $Q = (q_1, q_2, \ldots, q_T)$ une suite d'états.

En se basant sur la règle de Bayes (voir annexe F) on a :

$$P(X) = P(X_1, X_2, \ldots, X_T) = P(X_1) \prod_{i=2}^{n} P(X_i | X_1^{i-1}) \qquad \text{(eq. 2.3)}$$

Où

$$X_1^{i-1} = X_1, X_2, \ldots, X_{i-1}. \qquad \text{(eq. 2.4)}$$

Les variables aléatoires X décrivent un modèle de Markov de premier ordre si

$$P(X_i | X_1^{i-1}) = P(X_i | X_{i-1}) \qquad \text{(eq. 2.5)}$$

Par conséquence l'équation (eq. 2.3) devient :

$$P(X_1, X_2, \ldots, X_T) = P(X_1) \prod_{i=2}^{n} P(X_i | X_{i-1}) \qquad \text{(eq. 2.6)}$$

La probabilité pour que le modèle de Markov soit dans l'état i au temps t ne dépend que de l'état du modèle de Markov au temps t-1.

$$\begin{aligned} P(X_t = q_j | X_{t-1} = q_i, \ldots, X_1 = q_1) &= P(X_t = q_j | X_{t-1} = q_i) \\ &= a_{ij} \quad \text{pour } t \geq 0 \end{aligned} \qquad \text{(eq. 2.7)}$$

a_{ij} est la probabilité de transition d'un état i vers un autre état j.

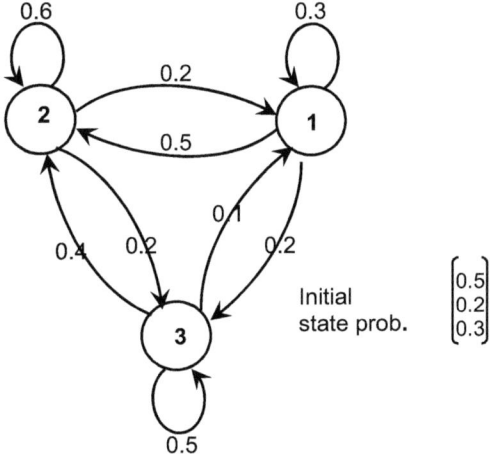

Figure. 2.10 : Chaîne de Modèle de Markov à 3 états, pour l'exemple de l'indice industriel de Dow Jones.

Sur la figure 2.10 est représentée la chaîne de Markov pour de l'exemple de l'indice industriel de Dow Jones. A la fin de chaque jour, l'indice correspond à un des trois états suivants :
états 1 : augmentations (up) en comparaison à l'indice du jour précèdent,
états 2 : diminution (down) en comparaison à l'indice du jour précèdent,
états 3 : inchangé (unchanged) en comparaison à l'indice du jour précèdent.

Les paramètres de la chaîne de Markov pour l'indice de Dow Jones (Huang et al., 2001) sont :
la matrice des probabilités de transition des états

$$A = (a_{ij}) = \begin{pmatrix} 0.6 & 0.2 & 0.2 \\ 0.5 & 0.3 & 0.2 \\ 0.4 & 0.1 & 0.5 \end{pmatrix},$$ (eq. 2.8)

et la matrice de probabilité des états initiaux

$$\Pi = (\pi_j) = \begin{bmatrix} 0.5 \\ 0.2 \\ 0.3 \end{bmatrix}.$$ (eq. 2.9)

Supposons que nous voulons calculer la probabilité pour que l'indice soit en augmentation pendant cinq jours consécutifs, la séquence observée est donc $Q = (1, 1, 1, 1, 1)$ et la probabilité est donnée par :

$$\begin{aligned} P(5 \text{ jours d'augmentation d'indice}) &= P(1, 1, 1, 1, 1) \\ &= \pi_1 \, a_{11} \, a_{11} \, a_{11} \, a_{11} \\ &= 0.5 \times (0.6)^4 \\ &= 0.0648. \end{aligned}$$ (eq. 2.10)

Une chaîne de Markov est donc définie par la donnée des probabilités des états initiaux Π et des probabilités des transitions entre états A avec :

- $\Pi = (\pi_1, ..., \pi_T)$ et $\pi_i = P(X_1 = q_i)$ avec π_i étant la probabilité que q_i soit l'état initial.

- $A = (a_{ij})$ $1 \leq i, j \leq N$ et $a_{ij} = P(X_t = q_i | X_{t-1} = q_j)$ La matrice A est l'ensemble des probabilités de transition d'un état i vers un autre états j.

Les probabilités des états initiaux et les probabilités des transitions sont contraintes à vérifier les conditions suivantes :

$$\sum_{j=1}^{N} a_{ij} = 1$$ (eq. 2.11.a)

$$\sum_{j=1}^{N} \pi_j = 1 \qquad \text{(eq. 2.11.b)}$$

3.2 Modèles de Markov cachés

Un Modèles de Markov caché est un double processus stochastique ((X_t, b_t) $1 \leq t \leq T$). La chaîne interne X_t non observable, et la chaîne externe b_t observable, s'alignent pour gérer le processus stochastique à modéliser. L'observateur ne peut voir que les sorties des fonctions aléatoires associées aux états et ne peut pas observer les états de la chaîne soujacente, d'où le nom Modèles de Markov cachés (ou Hiden Markov Models, HMM).
Le processus non observable X_t $1 \leq t \leq T$ et une chaîne de Markov d'ordre 1, le processus b_t $1 \leq t \leq T$, est un ensemble de lois de probabilité donnant la probabilité que l'état i ait généré l'observation X_t.
Les observations b_t ne dépendent que de l'état courant cacher, elles peuvent être de nature :
- discrète : bi est une distribution de probabilité discrète[10],
- continue : bi est une fonction de densité de probabilité, généralement les densités multi gaussiennes sont utilisées.

Il s'ensuit qu'un modèle de Markov caché est caractérisé par :
- un ensemble d'états fini $Q = (q_1, q_2, \ldots, q_N)$,
- un ensemble de probabilités de transitions entre les états $A = (a_{ij})$ $1 \leq i, j \leq N$,
- un ensemble de lois ou densités de probabilités d'émission associé à un état, $B = b_i(X_t)$ $1 \leq i \leq N$,
- un ensemble de probabilités initiales $\Pi = (\pi_1, \ldots, \pi_N)$ ou π_i désigne la probabilité d'entrer dans le modèle par l'état q_i.

---

[10] Une loi de probabilité discrète est généralement représentée par les fréquences d'apparitions des observations discrètes.

De la même manière que dans le cas des chaînes de Markov et en plus des conditions imposées aux probabilités des états initiaux et les probabilités des transitions, les lois ou densités de probabilités d'émission doivent vérifier l'une des deux conditions suivantes :

$$\sum_{k=1}^{N} b_i(k) = 1 \qquad \text{(eq. 2.12.a)}$$

dans le cas d'observations discrètes,

$$\int b_i(x)dx = 1 \qquad \text{(eq. 2.12.b)}$$

dans le cas d'observations continues.

La figure 2.11 est une extension du modèle de chaîne de Markov de la figure 2.10 pour correspondre à un Modèle de Markov caché. Supposons maintenant que, dans le modèle représenté à la figure 2.10, les états $\{1,2,3\}$ soient caractérisés par différentes densités de probabilité sur l'espace des observations possibles « augmentation, diminution et inchangé » (qui ne sont plus univoque associées aux états) et que ces états correspondent maintenant à une variable qui n'est pas observée directement. Quoique les états ne soient pas observés, ils contiennent des informations pertinentes sur les données que nous cherchons à modéliser. Par exemple, est comme c'est indiqué par les densités de probabilités d'émission, le premier état dans l'exemple de la figure 2.11 indique un marché bénéficiaire, le second état indique un marché baissière et le troisième état indique un marché stable.

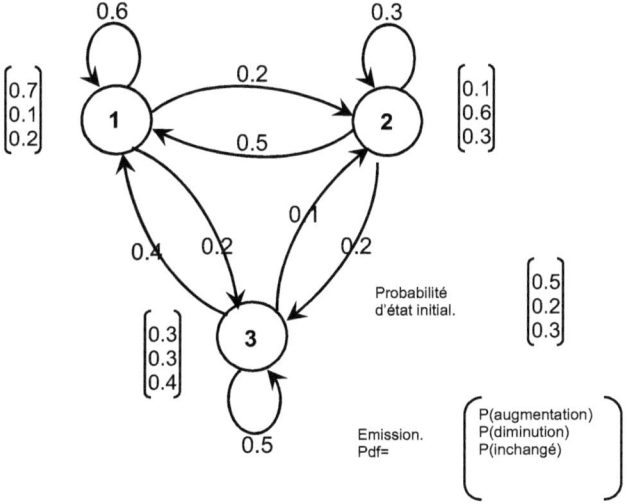

Figure. 2.11 : Modèle de Markov cachés, pour l'indice industriel de Dow Jones.

3.3 Mise en ouvre des HMM

Une fois choisie la topologie d'un HMM, sa mise en œuvre va nécessiter de résoudre 3 problèmes :

le problème de l'évaluation de la vraisemblance ; considérant un modèle et une séquence d'observations, comment mesurer la probabilité que ce modèle ait engendré cette séquence ?

Le problème du décodage : considérant un modèle et une séquence d'observations, quelle est la suite d'états la plus probable ayant produit les observations ?

le problème de l'apprentissage : considérant un modèle et un ensemble de séquences d'observations, quels sont les paramètres du modèle qui maximisent la probabilité que l'ensemble des séquences ait été engendré par le modèle ?

3.3.1 Evaluation de la vraisemblance d'un modèle (Lefevre, 2000)

La probabilité qu'une séquence de vecteurs d'observation $X = X_1, X_2, \ldots, X_N$ soit engendrée, étant donné un modèle λ, à travers le chemin (ou séquence d'états) $Q = q_1, q_2, \ldots, q_T$ est simplement calculée comme le produit des probabilités de transition et d'émission le long de Q.

$$P(X|\lambda) = \sum_{\forall Q} P(Q|\lambda) P(X|Q, \lambda) \qquad \text{(eq. 2.13)}$$

Cette probabilité est le produit de deux vraisemblances :
• la vraisemblance du chemin dans le modèle $P(Q|\lambda)$
• la vraisemblance des observations le long de ce chemin $P(X|Q, \lambda)$.

Pour une séquence particulière $Q = q_1, q_2, \ldots, q_T$ où q_1 est l'état initial, $P(Q|\lambda)$ dans l'équation (2.13) dans l'hypothèse du modèle de Markov de premier ordre (voir annexe C) s'écrit :

$$P(Q|\lambda) = P(q_1|\lambda) \prod_{t=2}^{T} P(q_t|q_{t-1}, \lambda) = \pi_{q_1} a_{q_1 q_2} \ldots a_{q_{T-1} q_T} \qquad \text{(eq. 2.14)}$$

de même

$$P(X|Q, \lambda) = \prod_{t=1}^{T} P(X_t|q_t, \lambda)$$
$$= b_{q_1}(X_1) b_{q_2}(X_2) \ldots b_{q_t}(X_T). \qquad \text{(eq. 2.15)}$$

Substituons les équations (2.14) et (2.15) dans (2.13) nous obtenons :

$$P(X|\lambda) = \sum_{\forall Q} a_{q_0 q_1} b_{q_1}(X_1) a_{q_1 q_2} b_{q_2}(X_2) \ldots a_{q_{T-1} q_T} b_{q_T}(X_T) \qquad \text{(eq. 2.16)}$$

Où la somme dans l'équation (eq. 2.14) porte sur tous les chemins Q de longueur T possibles. La complexité de cette estimation étant de l'ordre de $2NT^N$ opérations[11]. Une alternative à l'équation (2.14) consiste à ne calculer que la séquence de probabilité maximale :

$$\hat{P}(X|\lambda) = \max_{Q} \left\{ a_{q_0 q_1} \prod_{t=1}^{T} b_{q_t}(X_t) a_{q_{t-1} q_t} \right\}. \qquad \text{(eq. 2.17)}$$

Il est donc nécessaire de définir une récurrence plus efficace (appelée récurrence "avant", forward). Les algorithmes de Baum-Welch et Viterbi offrent des procédures récursives pour calculer l'équation (2.16).

3.3.1.1 Algorithmes forward et backward

Deux variables sont introduites qui permettent la facilitation de l'estimation des probabilités (eq. 2.16) α et β respectivement directe et rétrograde (*forward et backward*) :

Algorithme forward

La variable *forward* α est définie comme la probabilité que les observations jusqu'à l'instant t ait été émises par le modèle λ à N-2 états et que l'état atteint en t soit i :

$$\alpha_t(i) = P(X_1, X_2, \ldots, X_t, q_t = i | \lambda) \qquad \text{(eq. 2.18)}$$

Le calcul de α est opéré par une récurrence sur le temps en partant de l'état initial au temps 0 :

---

[11] Exemple on a 1.6×10^{72} calculs pour N=100 et T=5.

Initialisation

$$\alpha_1(i) = \pi_i b_1(X_1)$$

Induction

$$\alpha_{t+1}(j) = \left[\sum_{i=1}^{Q} \alpha_t(i) a_{ij}\right] b_j(X_{t+1})$$

Terminaison

$$P(X|\lambda) = \sum_{i=1}^{Q} \alpha_i(T)$$

Algorithme backward

L'estimation directe est suffisante pour obtenir la probabilité définie par (2.16). Toutefois, l'apprentissage des modèles sera facilité par l'introduction de la probabilité rétrograde ou *backward* β. Cette dernière est définie comme la probabilité que les trames suivant X_t aient été émises sachant que X_t a été émise par q_i :

$$\beta_t(i) = P(X_{t+1}, X_{t+2}, \ldots, X_T | q_t = i, \lambda) \ . \tag{eq. 2.19}$$

Le calcul de β se fait par une récurrence sur le temps en partant de l'état final au temps T :

Initialisation

$$\beta_T(i) = 1$$

Induction

$$\beta_t(i) = \sum_{j=2}^{N-2} a_{ij} b_j(X_{t+1}) \beta_t(i)$$

Terminaison

$$P(X|\lambda) = \beta_1(1) \sum_{i=1}^{Q} \pi_i b_i(X_1) \beta_1(i) \tag{eq. 2.20}$$

L'utilisation conjointe des variables *forward et backward* permet de calculer la probabilité de l'émission d'une trame sur un état par rapport à tous les chemins possibles :

$$P(X|q_t = i, \lambda) = \alpha_t(i)\beta_t(i).$$ (eq. 2.21)

Cette probabilité sera utilisée aussi pour le cas de l'apprentissage des modèles par l'algorithme de Baum-Welch (voir annexe G). Ces variables permettent l'estimation de la vraisemblance de la séquence sur le modèle en tenant compte de l'ensemble des chemins.

3.3.2 Décodage (Lefevre, 2000)

Le décodage de Viterbi (Viterbi, 1967) (voir annexe G) permet de déterminer l'alignement optimal d'une forme à connaître sur un modèle de Markov, c'est-à-dire le chemin qui conduit à la plus forte probabilité d'émission de la forme considérée. Le principe de l'algorithme est proche de l'estimation directe introduite dans le paragraphe précédent : la sommation est remplacée par un opérateur max pour calculer l'équation (2.17).

Appelons $\Phi_t(j)$ la probabilité maximale sur tous les chemins aboutissant à l'état j au temps t, l'algorithme de Viterbi permet de calculer $\{\Phi_t(j), \forall j\}$ à partir de $\{\Phi_{t-1}(j), \forall j\}$. A tous les instants, et pour tous les états du modèle, on emploie la formule suivante, explicitant le fait qu'un chemin de longueur t résulte du prolongement d'un chemin de longueur t-1 par une transition entre deux états et l'émission d'une trame :

$$\Phi_t(j) = \max_i \{\Phi_{t-1}(i)a_{ij}\} \times b_j(X_t)$$ (eq. 2.22)

avec

$$\Phi_1(j) = \begin{cases} 1 \; si \; j = 1 \\ a_{1j} b_j(X_1) \; si \; 1 < j < N \end{cases}$$ (eq. 2.23)

et

$$\Phi T(N) = \max_i \{\Phi_T(i) \times a_{1N}\}$$ (eq. 2.24)

La reconnaissance d'une forme acoustique est rendue possible par l'évaluation de la probabilité d'émission des observations des modèles de toutes les formes. Cela suppose l'existence d'un modèle, au moins pour chaque forme acoustique, éventuellement construit par concaténation de modèles acoustiques élémentaires, et l'apprentissage des paramètres de ces modèles.

3.3.3 Apprentissage

Les paramètres des modèles sont les probabilités de transition entre états et les probabilités d'émission associées aux états. La topologie du modèle (le nombre d'états des modèles et les transitions autorisées entre ces états) est supposée fixée a priori. Ainsi, connaissant une suite d'observations émises par un modèle, il est possible de modifier les paramètres du modèle de manière à rendre plus probable l'émission des observations par le modèle. Il s'agit d'une estimation par le critère du maximum de vraisemblance (Maximum Likelihood Estimation, MLE), obtenue par l'algorithme de Baum-Welch (Haton et al., 2006) (voir annexe G).

L'estimation par MLE consiste à choisir le jeu de paramètres $\widetilde{\lambda}_{MLE}$ de sorte à rendre maximale la probabilité d'émission des observations X par le modèle :

$$\widetilde{\lambda}_{MLE} = \arg\max_{\lambda} P(X|\lambda)$$ (eq. 2.25)

Une résolution analytique directe n'est pas possible, mais les formules de Baum-Welch permettent une réestimation itérative des paramètres a_{ij} $b_j(X_t)$ du modèle.

A la suite de la (n+1) ième réestimation des paramètres du modèle $\tilde{\lambda}_n$, le nouveau modèle $\tilde{\lambda}_{n+1}$ vérifie :

$$P_t(X|\tilde{\lambda}_{n+1}) \geq P_t(X|\tilde{\lambda}_n)$$ (eq. 2.26)

La réestimation itérative est basée sur le principe de l'algorithme EM est détaillé dans [(Boite et al, 2000) ; (Huang et al., 2001)]. Il peut être montré que sous certaines conditions l'estimateur de maximum de vraisemblance converge asymptotiquement sans biais vers les paramètres optimaux du modèle. Dans ce cas, il est l'estimateur de variance minimale (Huang et al., 2001). L'apprentissage étant itératif, les valeurs initiales des paramètres du modèle sont cruciales pour assurer une convergence rapide vers le jeu de paramètres optimal. Les choix concernant la définition des modèles vont donc avoir une influence sur la qualité de l'apprentissage.

Dans ce paragraphe, nous avons effectué une brève description des HMMs en présentant quelques principes de base et les différentes techniques permettant leurs utilisations dans les systèmes de reconnaissance de la parole basés sur les HMMs.

4. Modèle acoustique pour la reconnaissance automatique de la parole (Dupont, 1996)

Le modèle acoustique fourni une modélisation statistique du signal sonore qui se présente sous la forme d'une séquence de vecteurs issus de l'analyse acoustique. La solution quasi excessivement utilisée dans les systèmes de RAP est celle des modèles de Markov cachés HMM. Ces modèles présentent plusieurs avantages :
i) un formalisme mathématique bien établi,

ii) un apprentissage automatique des paramètres et iii) des performances remarquables.

Figure 2.12 : Chaîne de Markov, modèle de Bakis

Un exemple typique de chaîne de Markov, appelé modèle de Bakis, est présenté à la figure 2.12. Dans cet exemple, trois types de transitions sont possibles: le bouclage sur un état (donnant lieu à la répétition de cet état), le passage à l'état suivant et le passage vers le second état suivant (donnant lieu à l'omission d'un état). Une séquence de transitions de l'état initial à l'état final est appelée un chemin. Une chaîne de Markov est généralement utilisée comme modèle de phonème. Un modèle de mot est alors obtenu par la concaténation des modèles des phonèmes constituant ce mot (figure 2.13).

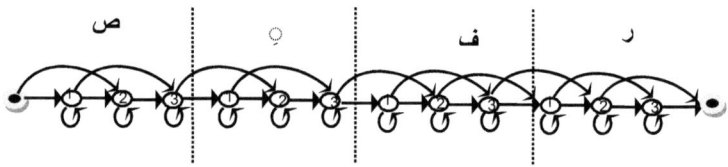

Figure 2.13 : Modèle du mot « صفر » sefr (zéro).

En vue de rendre compte des variations d'intonation, on associe une probabilité d'émission à chaque état ou à chaque transition. Un état atteint, respectivement une transition empruntée, émettra aléatoirement un vecteur acoustique selon une distribution de probabilité gaussienne par exemple. En plus, il faut tenir compte des différentes vitesses d'élocution. C'est la raison pour laquelle on attachera à chaque transition de la chaîne une probabilité de passage par cette transition. Un chemin comportant plus de répétitions d'état correspondra à une prononciation lente.

Inversement, un chemin comportant plus d'omissions d'état correspondra à une prononciation rapide.

L'estimation des paramètres se fait par une procédure d'apprentissage portant sur de nombreuses versions du phonème. Ces différentes versions doivent refléter au mieux les variations d'intonation et de vitesse d'élocution. On obtiendra alors un modèle statistiquement représentatif des diverses réalisations possibles d'un phonème. A cette fin, on utilise une base de données d'apprentissage (voir chapitre 6), c'est un semble de phrases constituant la base d'apprentissage, dont les séquences de mots et donc de phonèmes sont connues.

Partant de ces informations et d'une initialisation préalable des modèles, on réestime les paramètres par un algorithme d'apprentissage. Les plus utilisés sont généralement l'algorithme de Viterbi et l'algorithme de Baum- Welch [(Boite et al., 2000) ;(Huang et al 2001)].

Quel que soit l'algorithme d'apprentissage, la base de données d'apprentissage doit être suffisamment étendue pour permettre une estimation correcte des paramètres des modèles.

Pour pouvoir estimer des modèles acoustiques indépendants du locuteur, il est primordial de disposer d'une base d'entraînement reflétant au mieux la variabilité de la parole sur plusieurs locuteurs (Huang et al., 2001). En règle générale, plusieurs centaines de locuteurs permettent de constituer une telle base d'entraînement.

5. Modèles de langages et reconnaissance de la parole

Les modèles de langage les plus couramment utilisés sont purement statistiques. Ils ont pour objet d'accorder une probabilité aux séquences de mots proportionnellement à leur fréquence d'apparition dans un ensemble de phrases ou base de données d'apprentissage. L'identification de la chaîne de mots à partir du signal acoustique est un problème de maximum de vraisemblance. L'approche classique (Bahl et al., 1983) revient à déterminer, à partir de la séquence d'observations $X = (x_1, x_2, ..., x_T)$, la séquence de mots $W = (w_1, w_2, ..., w_K)$ pour laquelle la probabilité $P = (w_1, w_2, ..., w_K | x_1, x_2, ..., x_T)$ est maximale.

$$\hat{W} = \arg\max_{w_1, w_2, \ldots, w_K} P(w_1, w_2, \ldots, w_K) P(x_1, x_2, \ldots, x_T | w_1, w_2, \ldots, w_K)$$ (eq.2.27)

Où $P(x_1, x_2, \ldots, x_T | w_1, w_2, \ldots, w_K)$ est la probabilité d'observer la séquence acoustique $X = (x_1, x_2, \ldots, x_T)$ sachant que la séquence de mots est $W = (w_1, w_2, \ldots, w_K)$ et $P(w_1, w_2, \ldots, w_K)$ est la probabilité a priori de produire $W = (w_1, w_2, \ldots, w_K)$.
Le modèle de langage statistique permet d'estimer cette probabilité a priori. En pratique l'équation (2.27) n'est pas utilisée telle quelle est. En effet, les deux probabilités proviennent de deux modèles différents dont les échelles de valeurs sont différentes. Avec un produit sans pondération, l'apport du modèle de langage sera négligeable (Boite et al., 2000). C'est pourquoi la probabilité fournie par le modèle de langage doit être pondérée par un coefficient linguistique (en anglais linguistic weight ou fudge factor). Ainsi l'équation (2.27) s'écrit :

$$\hat{W} = \arg\max_{W} P(X|W) \times [P(W)]^{lw}$$ (eq.2.28)

Ou lw est le coefficient linguistique, en pratique, le poids linguistique est de l'ordre de 7 ; pour la langue arabe lw=6 (voir chapitre 6).

5.1 Modèles n- grammes

La probabilité $P(W)$ qui constitue l'essentiel d'un modèle de langage on a :

$$P(W) = P(w_1, w_2, \ldots, w_k) = \prod_{i=1}^{k} P(w_i | w_1, \ldots, w_{i-1})$$ (eq.2.29)

La suite de mots $w_1, w_2, \ldots, w_k$ est appelée historique du mot w_i. En pratique il est impossible d'évaluer la probabilité de production d'un mot sachant un historique très long. On est amené à ne supposer que la probabilité d'observation du mot w_i dépendant uniquement des n mots précédents :

$$P(W) = P(w_1, w_2, ..., w_k) = \prod_{i=1}^{k} P(w_i | w_{i-k+1}, ..., w_{i-1})$$ (eq.2.30)

Les modèles de langages les plus utilisés sont les modèles n=2 bi-grammes et n=3 tri-grammes.

6. Décodage et reconnaissance de la parole

Disposant d'un certain nombre de modèles de référence correspondant aux phonèmes, le problème de la reconnaissance d'un signal de parole consiste à trouver la séquence de modèles qui correspond le mieux au signal. En d'autres termes, il s'agit de maximiser la probabilité de produire une séquence d'états des modèles de Markov étant donné une séquence de vecteurs acoustiques. La probabilité d'une séquence d'états, c'est-à-dire un chemin, est le produit des probabilités de transition et d'émission rencontrées. Le chemin optimal est celui de plus grande probabilité et peut s'obtenir par un algorithme de Viterbi appelé décodage de Viterbi (voir annexe G). Le chemin optimal définit une séquence d'états à laquelle correspond une séquence de phonèmes et donc de mots.

7. Conclusion

Dans ce chapitre nous avons étudié l'étape frontale de tout système de reconnaissance automatique de la parole, chargée de l'analyse et de la paramètrisation du signal vocal émis par un locuteur. Cette analyse permet d'extraire de la parole des paramètres représentatifs contenant l'information nécessaire à la reconnaissance de la parole. Les principaux processus pour la reconnaissance de la parole sont passés en revue.

PARTIE B

CMU SPHINX ET SON APPLICATION A LA RECONNAISSANCE DE LA LANGUE ARABE

CHAPITRE 3 46
Système de Reconnaissance automatique de la Parole Sphnix4 .... *46*
   1.   Introduction 46
   2.   Architecture du Sphinx4 47
       2.1 FrontEnd 49
       2.2 Base de connaissance (Knowledge Base) 50
           2.2.1 Modèle Acoustique 51
           2.2.2 Dictionnaire (Dictionary) 53
           2.2.3 Modèle de Langage (Language model) 53
       2.3 Décodeur (Decoder) 53
   3. Conclusion 54
CHAPITRE 4 55
Propriétés des Phonèmes de la Langue Arabe *55*
   1.   Introduction 55
   2.   Propriétés des phonèmes de la langue arabe 56
       2.1   Les Voyelles (V) 57
       2.2   Les Consonnes (C) 59
   3.   Syllabes de la langue arabe 61
   4.   Conclusion 62
CHAPITRE 5 63
Préparation d'un Modèle Acoustique *63*
   1.   Introduction 63
   2.   Configuration de SphinxTrain 63
   3.   Modèle acoustique 66
   4. Conclusion 71
CHAPITRE 6 72
Système de Reconnaissance de la Langue Arabe *72*
   1.   Introduction 72
   2.   Préparation des bases de données d'apprentissages 72
       2.1 Base de données d'apprentissage Adigits 73
       2.2 Base de données d'apprentissage Acommand 75
   3.   Configuration des paramètres du système 78
       3.1 Configuration des paramètres d'apprentissage 78
       3.2 Configuration des paramètres de décodage 81
   4.   Expériences et résultats 82
   5.   Conclusion 85

Chapitre 3

Système de Reconnaissance automatique de la Parole Sphnix4

1. Introduction

Sphinx est un projet lancé par l'université Carnegie Mellon (Carnegie Mellon University) (CMU) dans le but de concevoir un environnement pour la recherche dans le domaine de la reconnaissance automatique de la parole. C'est une librairie, de classes et d'outils disponible en langage de programmation Java, gratuite à télécharger[12] ; elle vise principalement à faciliter la construction des systèmes de reconnaissance vocale. Sphinx4 est un système de RAP basé sur les Modèles de Markov Cachés (HMM). Il a été créé conjointement par le groupe Sphinx à l'université CMU, les laboratoires Sun Microsystems et Hewlett-Packard company [(Hong, 2002); (Huang, 1989); (url, Sphinx) ; (Moreno et al. 1996)]. Le Sphinx4 est un système de reconnaissance de la parole continu à grand vocabulaire et locuteur indépendant.

SphinxTrain est l'outil crée par CMU pour le développement des modèles acoustiques. C'est un ensemble de programmes et documentations pour réaliser et construire des modèles acoustiques pour n'importe quelle langue nous allons revenir sur cet outil avec plus de détails dans le chapitre 5.

Le Sphinx4 est utilisé comme système de reconnaissance de parole de base dans cette thèse. Bien que les applications présentées dans cette thèse soient développées en utilisant le système Sphinx4, les algorithmes et les techniques peuvent être appliqués à n'importe quel autre système de reconnaissance de la parole continue basé sur les modèles de Markov cachés HMM.

---

[12] www.speech.cs.cmu.edu

2. Architecture du Sphinx4

Sphinx4 présente une architecture de haut niveau et relativement directe. C'est un ensemble d'outils de reconnaissance vocale (voir figure 3.1), flexibles, modulaires et extensibles, formant un véritable banc d'essais et un puissant environnement de recherche pour les technologies de reconnaissance automatique de la parole.

L'architecture de haut niveau du Sphinx4 est relativement directe. Comme indiqué dans la figure 3. 2, Sphinx4 consiste en *FrontEnd*, *Decoder*, *Knowlede Base* et *Application* [(Nedel, 2004) ; (Doh, 2000) (Ohshima, 1993); (Huerta, 2000) ; (Huang et al., 2003)].

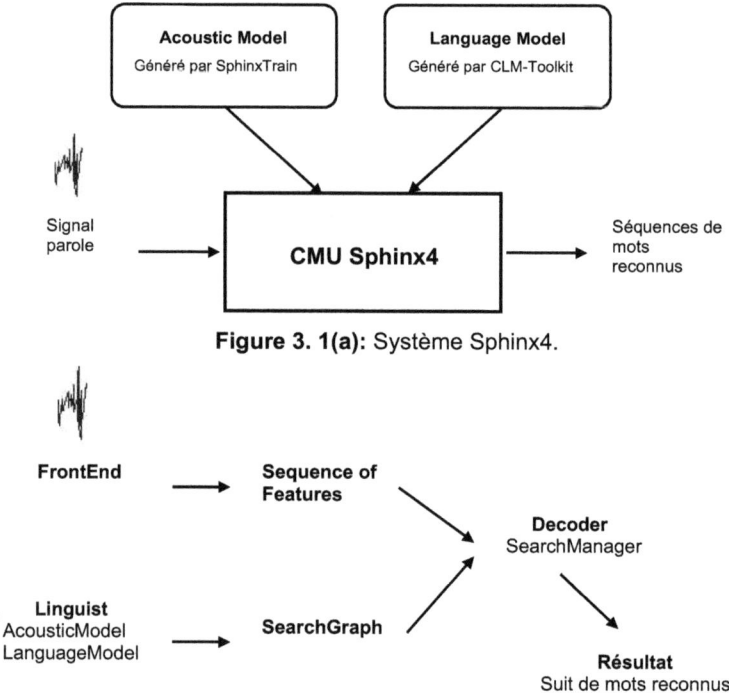

Figure 3. 1(a): Système Sphinx4.

Figure 3. 1 (b): Architecture simplifiée de Sphinx4 (url, sourceforge).

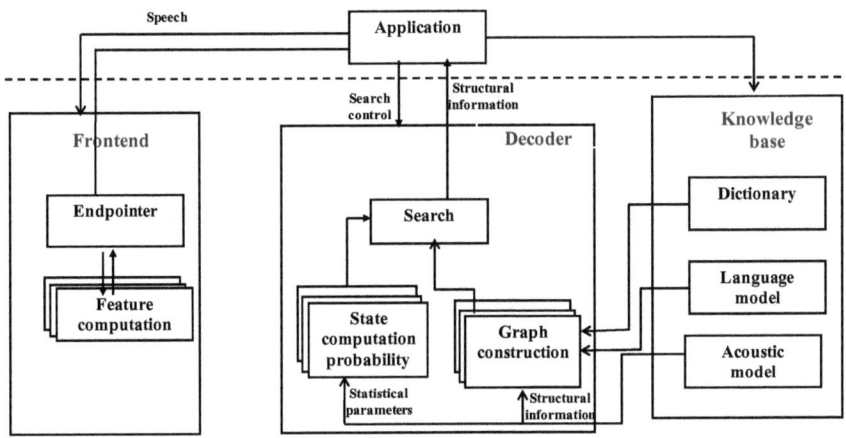

Figure 3. 2 (a) : Diagramme de blocs fonctionnels de Sphinx4.

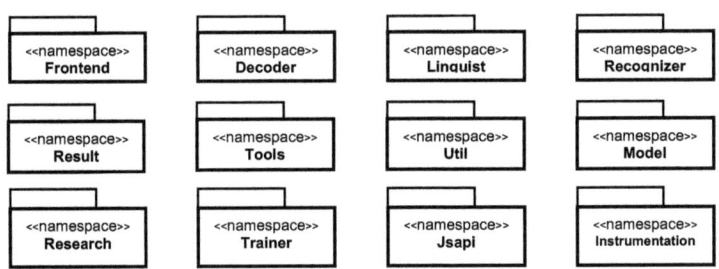

Figure 3.2 (b): Contenu du package Sphinx4.

2.1 FrontEnd

Le *FrontEnd* peut être détaillé en plusieurs sous blocs simples comme décrit dans la figure 3. 3.

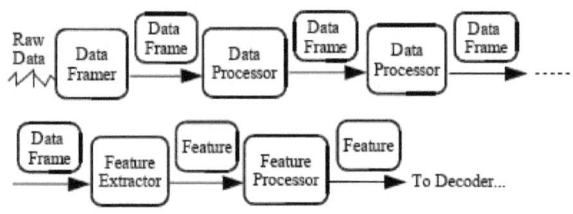

Figure 3. 3 : Sous blocs du *FrontEnd* du système de Sphinx4.

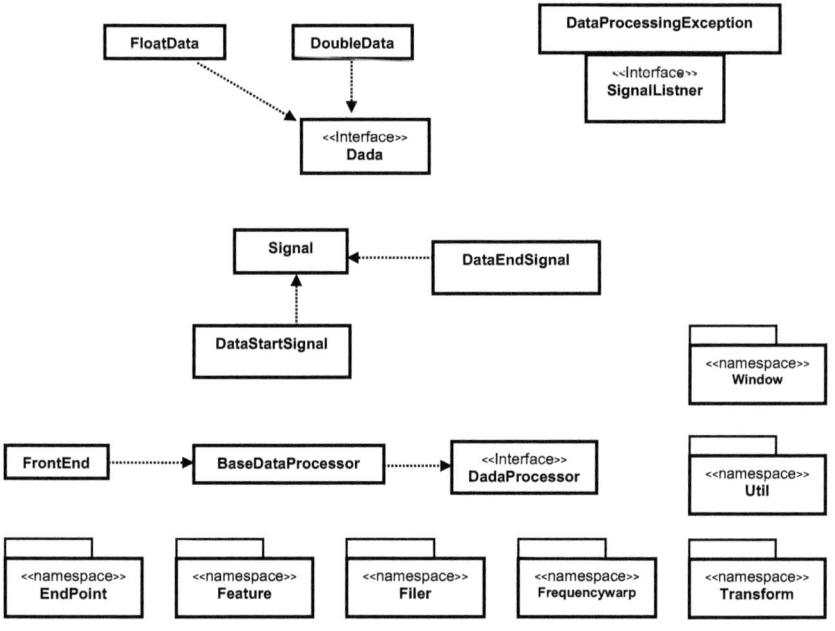

Figure 3.4 : Contenu du package *Frontend.*

Le *FrontEnd* lit d'abord dans des données brutes via *DataFramer*, ces données peuvent arriver sous forme de flot par un microphone, d'un fichier ou sous d'autres formes ; les données d'entrée sont typiquement audio. Il peut traiter éventuellement d'autres types de sources de données comme le type vidéo combiné à l'audio. Le bloc *DataFramer* classe les données sous forme de trames annotées. Ces trames de données (Data Frames) contiennent des informations type si les données sont le début ou la fin d'un segment (url, Sphinx).

Le *FrontEnd* fait passer les trames de données à une série de machines de traitement de données ou processeurs de données (*Data Processors*). Les *Data Processors* font des traitements successifs des trames du signal vocal comme le contrôle de gain automatique, l'élimination du bruit sonore, l'échantillonnage bas/haut, etc.

Une fois que le prétraitement des trames de données est accompli, le *FrontEnd* passe les trames (*frames*) de données aux *FeatureExtractor*. Ce dernier extrait les paramètres nécessaires et les prépare pour le décodeur. Pour les données audio auxquelles nous nous intéressons dans cette thèse, cela revient à l'obtention des informations ou paramètres cepstrales et delta cepstrales. D'autres formes de paramètres peuvent être également acceptées par le *Decodeur*.

Le *FrontEnd* passe les données à une série de *Features Processors*. Dans cette étape, il y a exécution d'un certain nombre d'opérations : End pointing qui est le marquage et la classification du signal audio, élimination du bruit sonore, cepstral mean calculation pour réduire la distorsion.

2.2 Base de connaissance (Knowledge Base).

Knowledge Base ou base de connaissance est l'ensemble d'informations qu'utilise le *Decoder* pour déterminer les mots et les phrases prononcés. Elle est composée du modèle acoustique (AcosticModel), du modèle de langage (LangageModel) et du dictionnaire (Dictionary) comme indiqué dans la figure 3. 5.

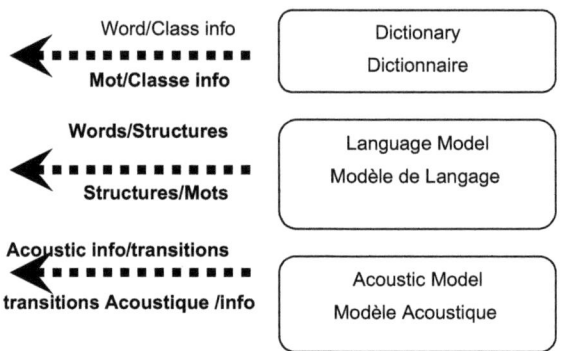

Figure 3. 5 : Détails sur *Knowledge base*.

Le modèle acoustique AcousticModel fournit au bloc *KnowledgeBase* les informations pour convertir des séquences de trames de signal en des unités phonétiques ou phonèmes. Le dictionnaire fournit des informations sur la prononciation (séquences d'unités phonétiques) et la classification des mots. Le modèle de langage LanguageModel donne l'information pour convertir les séquences d'unités en mots et séquences de mots.

2.2.1 Modèle Acoustique

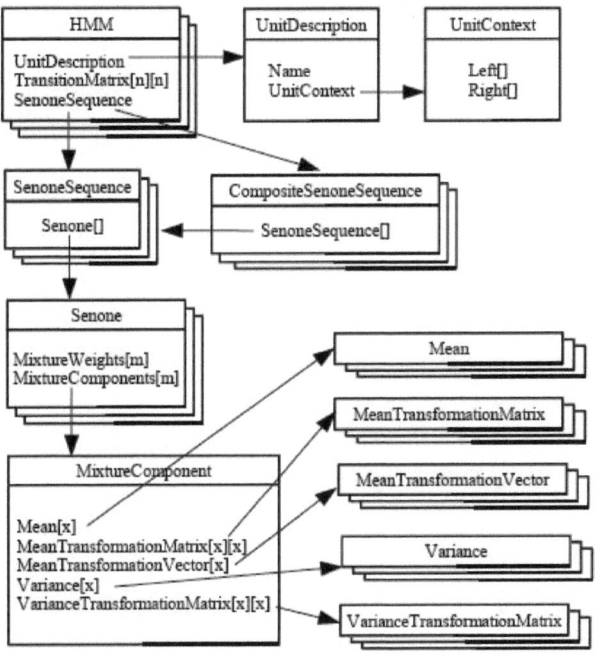

Figure 3. 6 : Architecture du Modèle acoustique dans Sphinx4.

Le modèle acoustique est un ensemble de left-to-right Modèles de Markov Cachés (HMMs), avec un HMM par unité. Chaque unité représente des phones dans un contexte triphone. La figure 3. 6 illustre la définition du HMMS des modèles acoustiques dans Sphinx4.

Chaque état du HMM dans Sphinx4 est appelé "Senone". Le Senone est basé sur des fonctions de densités de probabilités (pdf). Plusieurs HMMs peuvent partager la même séquence de senones.

2.2.2 Dictionnaire (Dictionary)

Le dictionnaire, fournit des informations sur la prononciation (séquences d'unités phonétiques) et la classification des mots. Il fournit des séquences d'unités dans des mots et fait la classification facultative de mots (par exemple, le nom, le verbe, etc.).

La signification d'une unité varie selon la tâche d'identification. Par exemple, pour l'identification de mots isolés, l'unité pourrait être un mot entier. Pour l'identification du grand vocabulaire, l'unité pourrait être un phonème ou un triphone.

2.2.3 Modèle de Langage (Language model)

Sphinx4 supporte trois types de modèles de langage :

- Le type le plus simple est : *aucun modèle de langage*. Il est utilisé dans le cas d'identification de mots isolés.
- Le deuxième type est le modèle de langage sans contexte (context free grammar). Il est utilisé dans des applications de commandes vocales.
- Le dernier type est basé sur des grammaires n-grammes[13]. Il est utilisé pour la parole continue.

2.3 Décodeur (Decoder)

Le décodeur est le cœur de Sphinx 4, Il réalise la plus grande partie du travail. Il lit les informations reçues du FrontEnd, il les couple avec les données issues de la base de connaissance *Knowledge Base*. Il fait une recherche pour déterminer les séquences les plus probables des mots.

---

[13] **Modèles n-grammes :** voir chapitre 2.

3. Conclusion

Une description générale du système de RAP CMU Sphinx4 a été présentée dans ce chapitre. Les blocs principaux de ce système qui sont : FrontEnd, Decoder, Knowledgebase et Application, ont été également étudiés en outre d'une description des classes qui les composent.

Chapitre 4

Propriétés des Phonèmes de la Langue Arabe

1. Introduction

La langue arabe est une langue sémitique comme l'hébreu. Elle est parmi les langues les plus anciennes dans le monde (Alotaibi, 2005). L'Arabe[14] doit son expansion à la propagation de l'islam, à la diffusion du coran et à la puissance militaire des Arabes à partir du VIIe siècle. La langue arabe se présente sous trois formes principales : l'arabe dialectal, l'arabe classique (ou littéraire) et l'arabe standard contemporain (Hadj-salah, 1983).

Arabe dialectal : langues orales parlées dans les pays arabes, issues de l'Arabe classique, elle résulte de la fusion de la langue arabe classique et des langues comme européennes, berbères, africaines, etc. L'Arabe dialectal est la langue utilisée par 250 millions d'arabophones et qui véhicule toute une culture populaire, traditionnelle et contemporaine.

Arabe classique : ou arabe grammatical est une langue écrite. Fred W. Householder, professeur de recherche classique et linguistique a dit : les dialectes Modernes de l'arabe Parlée, ne sont pas l'arabe Classique elle-même, mais une langue soeur qui diffère dans certains aspects significatifs (Kirchhoff et al., 2002).

Arabe Standard contemporain, une version modernisée de l'arabe classique, est la langue généralement utilisée dans tous les pays arabes aujourd'hui. C'est la langue de sciences, d'étude, de littérature, de théâtre, de presse, de la radio et de la télévision, etc. Malgré l'acceptabilité unanime de l'arabe

---

[14] http://fr.wikipedia.org/wiki/arabe

Standard contemporain et son adoption générale comme moyen commun de communication, elle n'est pas utilisée dans les discours de tous les jours dans le monde arabe (Hadj-Salah, 1983).

2. Propriétés des phonèmes de la langue arabe

La langue arabe Standard a 34 phonèmes (voir tableau 4.1 a et b) qui sont 6 voyelles et 28 consonnes [(Al-Ani et al., 1970) ; (El-Imam, 1989) ; (Alotaibi, 2005) ; (Husni et al., 2000)]. Ces phonèmes sont classifiés dans deux catégories : Voyelles et Consonnes. Dans le tableau ci-dessous sont présentés les phonèmes arabes et leurs équivalents dans la notation API[15].

Phonème Arabe	Notation API	Phonème Arabe	Notation API
ا	ā	ع	ʔ
ب	b	غ	.g
ة , ت	t	ف	f
ث	θ	ق	q
ج	ž	ك	k
ح	ħ / H*	ل	l
خ	x	م	m
د	d	ن	n
ذ	ð	ه	h
ر	r	و	w
ز	z	ي	y
س	s	ي	?
ش	ʃ/š	ـَ الفتحة	a
ص	ş	ـُ الضمة	u
ض	δ	ـِ الكسرة	i
ط	.t	ألف ممدودة	a:
ظ	.z	واو ممدود	u :
		ياء ممدودة	i :

Tableau 4.1 a: Tables des phonèmes arabes et leurs notations API (Yousfi, 2006).

---

[15] API : Association Phonétique Internationale (voir annexe E)

Graphème	Représentation en ArabTex	Représentation phonétique SAFA	Graphème	Représentation en ArabTex	Représentation phonétique SAFA
ا	A	A	ظ	.z	Z
ب	b	b	ع	'	c
ت	t	t	غ	.g	g
ث	_t	~	ف	f	f
ج	^g	j	ق	q	q
ح	.h	H	ك	k	k
خ	_h	x	ل	l	l
د	d	d	م	m	m
ذ	_d	v	ن	n	n
ر	r	r	ه	h	h
ز	z	z	و	w	w
س	s	s	ي	y	y
ش	^s	^	ى	_A	A
ص	.s	S	ة	T	t
ض	.d	D	ء	'	e
ط	.t	T			

Tableau 4.1 b : Tables des phonèmes arabes et leurs notations SAFA (Chenfour, 2006).

2.1 Les Voyelles (V)

Les voyelles sont des sons voisés ou sonores, mettant en jeu la vibration des cordes vocales et correspondant à une configuration assez stable du conduit vocal propre à chaque voyelle, et à un passage libre de l'aire dans le conduit vocal. Elles se caractérisent essentiellement par leur lieu d'articulation, leur aperture et leur nasalisation. On distingue ainsi les voyelles antérieures, moyennes et postérieures selon la position de la langue ; et les voyelles ouvertes et fermées selon le degré d'ouverture du conduit vocal (Haton et al., 1985, Haton et al. 1998).

Le système de la langue arabe est composé de trois voyelles brèves /a/ "الفتحة", /i/"الكسرة", /u/"الضمة" et trois voyelles longues /aa/, /ii/, /uu/."حروف المد "ا، و، ي" (Baloul, 2003).

Les voyelles arabes peuvent être classées selon la position de la langue (antérieure, moyenne et postérieure), ou selon le degré d'ouverture du conduit vocal (ouverte, fermée) comme indiqué dans la Tableau (4.1) (Mitchell, 1990).

Lorsque l'onde glottale résultante de la vibration des cordes vocales passe à travers le conduit vocal (voir figure 4.1), ses harmoniques proches des fréquences de résonance du conduit vocal sont amplifiées, tandis que les autres fréquences sont atténuées. Le spectre fréquentiel d'une voyelle présente ainsi un ensemble de pics ou formants caractéristiques de cette voyelle. La figure 4.1 résume ce processus. Les voyelles sont relativement faciles à identifier à cause de leur haute énergie.

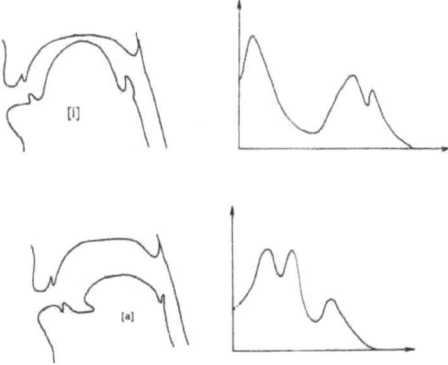

Figure 4.1 : Principe de production d'une voyelle : à gauche, configuration du conduit vocale et, à droite, enveloppe du spectre fréquentiel correspondant pour les voyelles /i/ (en haut) et /a/ (en bas) (Haton et al., 2006).

Ouverture du conduit vocal \ Position de la langue	Antérieure	Moyenne	Postérieure
Fermée	i كسرة ii ياء ممدودة		u ضمة uu واو ممدودة
Ouverte		a فتحة aa ألف ممدودة	

Tableau 4.2 : Classification de Voyelles arabes.

2.2 Les Consonnes (C)

Les consonnes se prononcent avec un rétrécissement local ou une fermeture du conduit vocal. Il existe des consonnes sonores et des consonnes sourdes ou non voisées, selon que l'air provenant des poumons est modulé par les cordes vocales ou non. Les autres facteurs de classement des consonnes sont le mode d'articulation et le lieu d'articulation.

- L'Arabe standard contient 28 consonnes qui correspondent chacune à un phonème. Les consonnes de la langue arabe sont classées selon leur mode d'articulation (occlusif, fricatif, nasal, glissant ou liquide), leur lieu d'articulation (labial, dental ou vélo palatal) et leur voisement (sonore ou sourd) (voir tableau 4.3).

En général les consonnes ont une énergie plus faible que les voyelles. Le premier formant monte généralement pendant la transition d'une consonne à une voyelle (et inversement décroît pendant la transition d'une voyelle à une consonne) particulièrement si la consonne est sonore.

Chapitre 4   Propriétés des Phonèmes de la Langue Arabes   H. Satori

	Bilab.	Labio-dent.	Dent.	Alvéol.	Post-alvéol.	Palat.	Vél.	Uvul.	Pharyng.	Glot.
Occlusives	[b]		[t] ~ [d̪]				[k]	[q]		[ʔ]
	b		t ~ d				k	q		ʾ
	ب		د ~ ت				ك	ق		ء
Nasales	[m]		[n̪]							
	m		n							
	م		ن							
Fricatives		[f]	[θ] ~ [ð]	[s] ~ [z]	[ʃ]		[x] ~ [ɣ]		[ħ]	[h]
		f	t ~ d	s ~ z	š		ḫ ~ ġ		ḥ	h
		ف	ذ ~ ث ~ د	ز ~ س	ش		غ ~ خ		ح	ه
Affriquées					[dʒ]					
					ğ ou j					
					ج					
Vibrantes				[r]						
				r						
				ر						
Spirantes						[j]	([w])			
						y	w			
						ي	و			
Latérales				[l]						
				l						
				ل						

Tableau 4.3 : Caractéristiques des consonnes arabes (Mitchell, 1990).

Comme on peut constater (voir tableau 4.3), les consonnes arabes pourraient être divisées en cinq catégories principales à savoir :

Les occlusives : sont des sons transitoires résultants de l'ouverture brusque du conduit vocal après son obstruction. L'Arabe standard a 8 occlusives sonores et sourdes:

- sonores : ب، ض، د

- sourdes : ك ، ت ، ء ، ق ، ط, dont les consonnes ط et ق sont pharyngalisées.

Les fricatives : sont produites par un rétrécissement local du conduit vocal. L'Arabe standard a 14 fricatives sonores et sourdes:

- sonores : ع ، غ ، ج ، ز ، ظ ، ذ
- sourdes : ح ، خ ، ص ، ش ، س ، ث ، ف ,

Où les consonnes ظ et ص sont pharyngalisées.

Les nasales : sont produites par une excitation glottale du conduit nasal, le conduit vocal étant totalement fermé. L'Arabe standard a deux nasales qui sont sonores : ن ، م.

Les glissantes ou liquides : sont produites avec légère constriction du conduit vocal. L'Arabe standard a trois glissantes qui sont sonores: ل ، ل ، ر

Les semi-voyelles : caractérisées par une constriction plus étroite que celle des voyelles. L'Arabe standard a 2 semi-voyelles qui sont sonores: و ، ي.

Il serait utile de noter que les consonnes pharyngalisées sont spécifiques à la langue arabe.

3. Syllabes de la langue arabe

La langue arabe comporte cinq types de syllabes classées selon les traits ouvert/fermé[16] et court[17]/long[18] voir tableau 4.4. Le système syllabique de l'arabe a les caractéristiques suivantes (El-Ani, 1970) [(Elshafei, 1991); (El-Imam, 1989); (Alotaibi, 2005); (Baloul, 2003) ; (Al-Zabibi, 1990) ; (Rajouani A., 1989)]:

---

[16] Une syllabe est dite ouverte (respectivement fermée) si elle se termine par une voyelle (respectivement une consonne).
[17] Une syllabe est dite courte si elle est ouverte et intègre une voyelle brève.
[18] Une syllabe est dite longue si elle se termine par une voyelle longue ou par une consonne.

- La syllabe doit commencer par une consonne suivie par une voyelle.
- La syllabe comporte une seule voyelle.
- La syllabe CV[19] peut se trouver au début, au milieu ou à la fin d'un mot.
- La syllabe CVV peut se trouver au début, au milieu ou à la fin d'un mot ou isolée.

	Ouvert	Fermé
Courte	CV	
Longue	CVV	CVC, CVVC, CVCC, CVVCC

Tableau 4.4[20] : Modèles de Syllabes arabes (Al-Muhtasib et al., 2000).

Une description plus en détaille sur le système syllabique de la langue arabe se trouve dans les travaux réalisés par Chenfour et collaborateurs [(Chenfour et al. 2000a) ; (Chenfour et al. 2000b) ; (Chenfour et al. 2004), (Chenfour et al. 2006) ; (Chenfour et al. 1997]].

4. Conclusion

Dans ce chapitre nous avons fait une présentation générale des caractéristiques des phonèmes arabes et leurs propriétés, et discuté la structure de la syllabe dans l'Arabe. Toutes ces caractéristiques vont nous servir dans la réalisation de notre système de reconnaissance automatique de l'Arabe, notamment dans l'analyse acoustique, la création et la définition des unités de reconnaissance.

---

[19] C désigne consonne et V voyelle.
[20] CC désigne consonne longue et VV désigne voyelle longue.

Chapitre 5

Préparation d'un Modèle Acoustique

1. Introduction

Nous présentons dans ce chapitre, la procédure pour réaliser un modèle acoustique qui sera utilisé par le système de reconnaissance de la langue arabe. Dans ce cadre, une procédure détaillée est donnée pour installer modifié et faire l'apprentissage avec le système Sphinxtrain, en tenant compte des spécificités de la langue arabe.

2. Configuration de SphinxTrain

SphinxTrain est un open source téléchargeable[21], dont le lien se trouve dans tools du site de CMU Sphinx (url, sourceforge). L'installation de Sphinxtrain nécessite en plus des codes sources Sphinxtrain, des logiciels supplémentaires comme un compilateur C++ et aussi active *perl*[22] pour manipuler les scriptes perl qui sont fournis avec sphinxtrain.

Après avoir créer un répertoire,
 c:\mon_ modele_acoustique[23],
le script *setup_sphinxtrain.pl* va créer dans ce même répertoire un ensemble de sous répertoires :

---

[21] http://cmusphinx.sourceforge.net/sphinx4/.
[22] www.activestate.com
[23] Dans ce travail sera adigit ou acommand.

- Bin : Il copie dans ce répertoire tous les exécutables nécessaires pour son fonctionnement.
- Bwaccumdir : Répertoire temporel utilisé lors de l'exécution de l'algorithme de Baum Welch pour accumuler les résultats.
- Etc : Répertoire utilisé pour la configuration du modèle acoustique.
- Feat : Répertoire où SphinxTrain va mettre les fichiers contenant les coefficients MFCC correspondant à la base de données d'apprentissage.
- Model_Architecture : Les définitions du modèle acoustique seront dans ce répertoire.
- Model_Parameters : Les paramètres du modèle (Matrices de transitions, poids de mixage entre les distributions gaussiennes pour chaque état, moyennes et variances des distributions gaussiennes) seront dans ce répertoire.
- Scripts_pl : Contient les scripts Perl à utiliser durant le processus d'apprentissage.
- Trees : Répertoire utilisé pour la classification des phonèmes lors de la transformation du modèle de CI à CD.

L'exécution du script make_feats.pl permet de convertir les fichiers wav en coefficients cepstraux MFCC.

Un fichier d'extension phone contient une liste des phonèmes de l'application considérée voir figure 5.1.

SIL
AA
B
T
TH
H
KH
D
R
S
SH
SO
AIN

Figure 5.1 : Extrait du fichier adigit.phone de l'application adigit .

Un autre fichier d'extension filler (figure 5.2), qui contient des caractères spéciaux :

</s> : silence qui marque le début d'un mot ou d'une phrase.
<sil> : silence au milieu d'un mot ou d'une phrase.
<s/> : silence qui marque la fin d'un mot ou d'une phrase.

```
</s> SIL
<s/> SIL
<sil> SIL
```

Figure 5.2 : Extrait du fichier adigit.filler de l'application adigit.

Pour chaque fichier Audio appartenant à la base de données, il faut écrire sa transcription. L'ensemble de toutes les transcriptions doit être dans un fichier d'extension transcription. Chaque ligne de ce fichier représente un enregistrement de l'ensemble d'apprentissage. Les transcriptions doivent être classées dans le même ordre d'apparition dans le fichier de contrôle d'extension fileids et chaque ligne doit être terminée par le nom du fichier écrit entre deux parenthèses.

Dans un fichier d'extension dic (figure (5.3) il sera précisé la correspondance entre les mots du fichier de transcription et les phonèmes utilisés dans le fichier d'extension phone.

```
0 SS E F R
0(2) SS I F R
0(3) SS E F E R
1 W A A H I D
1(2) W A A H E D
2 AA E TH N A A N
3 TH A L A A TH A H
4 AA A R B A AIN A H
4(2) AA A R B AIN A
5 KH A M S A H
5(2) KH A M S A
6 S I T T A
```

6(2) S E T T A H

Figure 5.4 : Extrait du fichier adigit.dic de l'application adigit.

Dans un fichier d'extension fileids est spécifié tous les fichiers de la base de données d'apprentissage et leurs chemins (voir figure 5.5).

Hassan/hassan1
Abdelkader/ abdelkader1
Abdelkader/ abdelkader4
Idriss/idriss3
Hakim/ hakim1
karima/ karima1
karima/ karima2
karima/ karima4

Figure 5.5 : Extrait du fichier adigit.fileids de l'application adigit.

3. Modèle acoustique

Après la préparation des fichiers nécessaires à la phase d'apprentissage (training), le script runall.pl automatise l'exécution d'une série de scripts, chacune représente une phase importante de l'opération d'apprentissage.

```
C:\eclipse\adigits>perl scripts_pl\RunAll.pl
WARNING: Using the configuration file "./etc/sphinx_train.cfg"
O.S. is case insensitive ("A" == "a").
Phones will be treated as case insensitive.
MODULE: 00 verify training files
    Phase 1: DICT - Checking to see if the dict and filler dict agrees with the
phonelist file
        Found 62 words using 21 phones
    Phase 2: DICT - Checking to make sure there are not duplicate entries in the
dictionary
    Phase 3: CTL - Check general format; utterance length (must be positive); fi
les exist
    Phase 4: CTL - Checking number of lines in the transcript should match lines
in control file
    Phase 5: CTL - Determine amount of training data, see if n_tied_states seems
reasonable.
        Total Hours Training: 0.644232905982906
        This is a small amount of data, no comment at this time
    Phase 6: TRANSCRIPT - Checking that all the words in the transcript are in t
he dictionary
        Words in dictionary: 58
        Words in filler dictionary: 2
    Phase 7: TRANSCRIPT - Checking that all the phones in the transcript are in
the phonelist, and all phones in the phonelist appear at least once
MODULE: 01 Vector Quantization
    Skipped for continuous models
```

Figure 5.6 : Exemple d'exécution du script Runall.pl.

Après la phase de training, Sphinxtrain nous donne des informations sur la base de données utilisé dans l'apprentissage :

- nombre de phonèmes ;
- nombre de mots;

- et la durée totale de la base de données d'apprentissage etc.

La figure 5.7 résume les entrées sorties du système SphinxTrain.

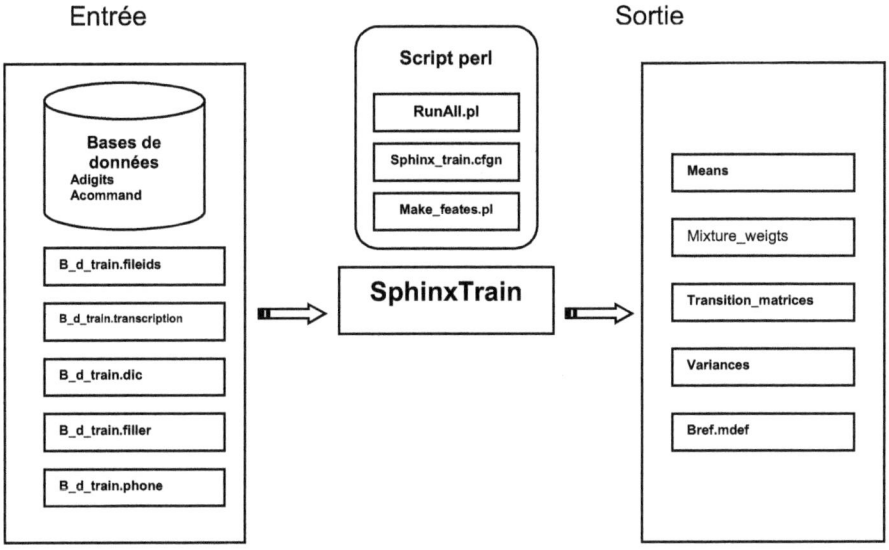

Figure 5.7 : Entrée sortie de sphinxtrain.

Généralement, la base de données d'apprentissage ne suffit pas pour avoir toutes les combinaisons de triphones possibles, ceci rend difficile l'estimation des paramètres (triphones[24]) qui n'ont pas apparu dans l'ensemble d'apprentissage. Pour réduire ce problème, une technique de partage de paramètres est utilisée et le modèle résultant s'appelle *CD[25] tied model*.

Pour générer le modèle CD tied, la procédure suivante est utilisée :

---

[24] Triphones : modèles phonétiques considèrent à la fois les contextes gauche et droit du phonème courant. Voir aussi note de bas de page suivante.
[25] Différents modèles phonétiques peuvent être considérés :
- les monophones ne prennent pas en compte le contexte, et modélisent un seul phonème,
- les diphones considèrent en plus d'un phonème précédent ou suivant le phonème courant,
- les triphones considèrent à la fois les contextes gauche et droit du phonème courant.

Les modèles diphones et triphones sont des modèles dépendant du contexte (en anglais context dependent, CD).

1. Génération de Questions linguistiques : en utilisant des algorithmes de classification des phonèmes initiaux, SphinxTrain génère un ensemble de questions acoustiques (exemple : "Est-ce que ce phonème est une voyelle?").

2. Construction des arbres de décision : Pour chaque état de chaque triphone, les arbres de décision sont construites, pour savoir si cet état fait partie d'une classe donnée ou non.

3. Elimination de branches : Seules les branches améliorant la fonction de vraissemblance sont utilisées pour construire les senones. Tous les états appartenant à un même senone[26] partagent les mêmes paramètres[27].

Une fois terminé, les résultats de l'exécution du modèle acoustique, sont composés de deux parties :

i) Un fichier d'extension mdef: model_architecture\adigits.ci.mdef pour le modèle indépendant du contexte; ii) et model_architecture\adigits.mdef pour le modèle CD.

Les paramètres de chaque modèle se trouvent dans: \model_parameters\adigits.ci_cont\ pour le modèle défini par time.ci.mdef et dans \model_parameters\adigits.cd_cont_ (numéro de nombre de densités gaussiennes par état).

Le fichier d'extension ci.mdef (dans notre application adigits.ci.mdef) voir figure 5.8 contient des informations sur la base de données d'apprentissage.

```
adigits.ci.mdef #
# Generated by C:\eclipse\adigits/bin/mk_mdef_gen on Thu Dec
28 20:45:33 2006
0.3
22 n_base
```

---

[26] Senones : se sont des modèles en mixture de Gaussiennes représentant des unités acoustiques élémentaires. Elles correspondent aux fonctions de densités de probabilités d'un état dans un HMM.

- [27] http://www.speech.cs.cmu.edu/sphinx/tutorial.html

```
0 n_tri
88 n_state_map
66 n_tied_state
66 n_tied_ci_state
22 n_tied_tmat
#
# Columns definitions
#base lft   rt p attrib tmat       ... state id's ...
   A   -   - -   n/a    0      0    1    2    N
  AA   -   - -   n/a    1      3    4    5    N
 AIN   -   - -   n/a    2      6    7    8    N
   B   -   - -   n/a    3      9   10   11    N
   D   -   - -   n/a    4     12   13   14    N
   E   -   - -   n/a    5     15   16   17    N
   F   -   - -   n/a    6     18   19   20    N
   H   -   - -   n/a    7     21   22   23    N
  HH   -   - -   n/a    8     24   25   26    N
   I   -   - -   n/a    9     27   28   29    N
  KH   -   - -   n/a   10     30   31   32    N
   L   -   - -   n/a   11     33   34   35    N
   M   -   - -   n/a   12     36   37   38    N
   N   -   - -   n/a   13     39   40   41    N
   R   -   - -   n/a   14     42   43   44    N
   S   -   - -   n/a   15     45   46   47    N
 SIL   -   - - filler  16     48   49   50    N
  SS   -   - -   n/a   17     51   52   53    N
   T   -   - -   n/a   18     54   55   56    N
  TH   -   - -   n/a   19     57   58   59    N
   W   -   - -   n/a   20     60   61   62    N
   Y   -   - -   n/a   21     63   64   65    N
```

Figure 5.8 : Contenu du fichier adigits.ci.mdef après exécution du script Runall.pl.

Les paramètres qui nous intéressent le plus sont :

- n_base : Nombres de phonèmes.
- n_tri : Nombre de triphones: on remarque ici qu'il est égal à 0 puisque le modèle est de type CI[28].
- n_state_map : Nombre total des états HMM. On remarque que Sphinx ajoute un état (N) qui n'émet pas de vecteurs d'observation à chaque HMM pour cela, si nous disposons de 24 phonèmes ce nombre sera égal à 24*4.
- n_tied_state : Nombre total des états HMM dans le cas CD tied.

---

[28] CI : contexte indépendant (aussi voir note de bas de la page n°71).

- n_tied_tmat : Nombre total des matrices de transition ; on a 1 matrice pour chaque phonème.
- Lft : Phonème utilisé à gauche lors de la construction du modèle CD.
- Rt : Phonème utilisé à droite lors de la construction du modèle CD.
- Tmat : le numéro de la matrice de transition.

Le répertoire model_parameters contient les fichiers : Mixture_Weights(poids de mélange des distributions gaussiennes pour chaque état) Means, Variances (les moyennes et les variances des distributions gaussiennes) transition_matrices (Les matrices de transition correspondant à chaque état).

4. Conclusion

Le but de ce chapitre était d'illustrer l'utilisation de SphinxTrain pour générer un modèle acoustique aussi de comprendre la signification des fichiers qu'il produit. Le modèle acoustique réalisé sera utilisé dans le KnowledgeBase par le Sphinx4, ceci va être détaillé dans le chapitre suivant.

Chapitre 6

Système de Reconnaissance de la Langue Arabe

1. Introduction

Dans ce chapitre, nous présentons deux applications de reconnaissance automatique de la langue arabe, de types mots connectés à locuteurs indépendants. Le système de RAP pour ces deux applications utilise un environnement basé entièrement sur la langue arabe (base de données de parole pour l'apprentissage, base de données de texte pour l'apprentissage, affichage de résultats, etc.). La première application consiste en la reconnaissance des dix premiers chiffre de l'arabe classique (de zéro à neuf), et la deuxième consiste en la reconnaissance de 27 commandes Windows (exemple.., فَتَحْ, إغْلاق). Le système de base est le Sphinx4. Nous avons effectué d'importantes modifications dans la configuration de ce dernier système pour tenir compte des caractéristiques de la langue arabe. Plusieurs expériences ont été réalisées en utilisant deux bases de données d'apprentissages arabes (réalisés dans le cadre de cette thèse) pour choisir les paramètres de configuration les mieux adaptés à la langue arabe.

2. Préparation des bases de données d'apprentissages

La plupart des recherches faites sur la reconnaissance automatique de la parole basées sur le système Sphinx dont la langue de référence est l'anglais, ont utilisé les bases de données d'apprentissages : Wall Street Journal (S3-94, S0-94) et/ou resource Management (RM) [(Nedel, 2004) ; (Doh, 2000) ; (Ohshima, 1993) ; (Rabiner et al., 1993) ; (Price, 1988)].

2.1 Base de données d'apprentissage Adigits

Nous avons construit une base de données vocale nommée **Adigits** pour la conception et l'évaluation d'algorithmes pour une application de la reconnaissance des chiffres de 0 à 9 connectés à locuteurs indépendants. Soixante locuteurs marocains (25 femmes et 35 hommes) ont été invités à prononcer les dix chiffres six fois. La base de données comprend six répétitions par chaque locuteur du même chiffre. Ainsi elle est constitué de 3600 tokens (10 chiffres × 6 répétitions × 60 locuteurs) est utilisé pour l'apprentissage. Le temps total d'apprentissage est de 5508 secondes. Pendant l'enregistrement chaque répétition a été rejouée (figure 6.1) pour s'assurer que le chiffre entier a été inclut dans le signal enregistré. Dans le tableau 6.1 sont donnés certains paramètres d'enregistrement de la base de données. Une autre la base de données contenant 372 tokens collectés de 22 locuteurs (13 hommes et 9 femmes) a été utilisé pour le test. Les deux bases de données d'apprentissages et de test ont été enregistrées en utilisant un microphone simple mono, placé entre 4 et 10 centimes de la bouche des locuteurs.

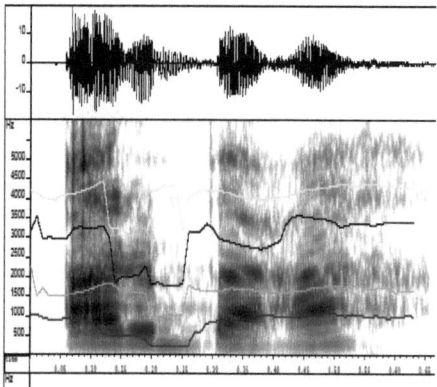

Figure 6.1: Spectrogramme pour visualiser le chiffre 4 (أربعة) locuteur 2 (Satori et al., 2007a), deuxième essai de la base de données adigits, généré par l'open source wavesurfer (url, wafesurfer).

Paramètre	Valeur
Echantillonnage	16 kHz, 16 bits
Wave format	Mono, wav
Base de données Adigit	10 chiffres arabes : صفر, واحد, اثنان, ثلاثة, أربعة, خمسة, ستة, سبعة, ثمانية, تسعة.
Locuteurs	35 hommes + 25 femmes
Nombre de répétitions	6
Temps total d'apprentissage	5508 secondes

Tableau 6.1: Paramètres d'enregistrement utilisés pour la préparation de la base de données adigits.

- **Dictionnaire de prononciation**

Après l'enregistrement des sons, et après avoir préparé le fichier de transcription un autre fichier est crée à savoir le dictionnaire de prononciation. Ce dernier constitué de mots suivis de leurs transcriptions en unités de phonèmes (figure 6.2) écrit en utilisant des scripts arabes (non romanisée) est utilisé pour la première fois dans une application sous Sphinx4.

```
صفر   ص ِ ف ْ ر
واحد  و ا ح ِ د
اثنين ث ْ ن َ ي ْ ن
ثلاثة ث َ ل ا ث َ ة
أربعة ء َ ر ْ ب َ ع َ ة
خمسة  خ َ م ْ س َ ة
ستة   س ِ ت َّ ة
سبعة  س َ ب ْ ع َ ة
ثمانية ث َ م َ ا ن ِ ي َ ة
تسعة  ت ِ س ْ ع َ ة
```

Figure 6.2 : Fichier adigit.dic écrit en utilisant des scripts arabes non romanisées.

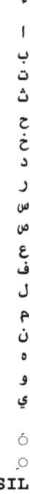

Figure 6.3: Fichier adigit.phone écrit en utilisant des scripts arabes *non romanisées.*

Le fichier adigit.phone (figure 6.3) contient une liste des phonèmes en scripts arabes non romanisés utilisés dans le fichier adigit.dic.

- **Modèle de langage**

Le modèle de langage adopté est un modèle trigramme avec un poids linguistique de l'ordre de 6. Pour plus de détails sur le fichier de configurations, voir la figure A.8 dans l'annexe B.

2.2 Base de données d'apprentissage Acommand

La seconde base de données d'apprentissage Acommand développé aussi dans le cadre de cette thèse est constituée de 5400 tokens collectés de 75 locuteurs (50 hommes et 25 femmes) et de 372 tokens pour le test collectés de 20 locuteurs (12 hommes et 8 femmes). Le temps total d'apprentissage est de 6750 secondes. Les paramètres d'enregistrement de cette base de données sont donnés dans le tableau 6.2. Les fichiers *Acommand.dic* et *Acommand.phone* associés sont donnés dans les figures 6.4 et 6.5. Les mots choisis dans cette application peuvent être utilisés dans des applications de commande vocales (exemple commande Windows).

Paramètre	Valeur
Echantillonnage	16 kHz, 16 bits
Wave format	Mono, wav
Base de données acommand	مَلَف, جَديـد, فَتْح, إغْلاق, حِفِظ, طِباعَة, خَصَائِص, تَحْرير, قَمْ, نَسْخ, لَصق, عَزْل, تَنْسيق, خَط, أَذَوات, الـلـغـة, تَخْمـيس, خَيـارات, تَغْلـيمـات, الـتّـالـي, الـسّـابـق, الأخيـر, إدْراج, جَدْوَل, بَحْث, إطار, تَكْـبـيرة
Locuteurs	50 hommes + 25 femmes
Nombre de répétitions	4
Temps total d'apprentissage	6750 seconds

Tableau 6.2: Paramètres d'enregistrement utilisés pour la préparation de la base de données Acommand.

- **Dictionnaire de prononciation**

```
أذوات ؛ ذ و ا ت
إدْراج ؛ د ر ا ج
اِسْتِبْدال ؛ س ت ب ذ ا ل
إطار ؛ ط ا ر
إغْلاق ؛ غ ل ا ق
الأخير ال ؛ خ ي ر
التّالي ا ت ا ل ي
السّابق ا س ا ب ق
اللّغة ا ل غ ه
المسْطرة ا ل م س ط ر ه
بَحْث ب ح ث
تَحْرير ت ح ر ي ر
تَخْمِيس ت خ م ي س
تَغْلِيمات ت ع ل ي م ا ت
```

```
تـكـبـيـر  ت  ك  ب  ي  ر
تـنـسـيـق  ت  ن  س  ي  ق
جـديـد  ج  د  ي  د
جـذول  ج  د  و  ل
حفظ  ح  ف  ظ
خصائص  خ  ص  ا  ء  ص
خط  خ  ط
خيارات  خ  ي  ا  ر  ا  ت
صـورة  ص  و  ر  ة
طبـاعة  ط  ب  ا  ع  ة
عـرض  ع  ر  ض
فـتح  ف  ت  ح
قـص  ق  ص
لصـق  ل  ص  ق
مـلف  م  ل  ف
مساعدة  م  س  ا  ع  د  ة
نـسخ  ن  س  خ
```

Figure 6.4 : Fichier acommand.dic de l'application acommand.

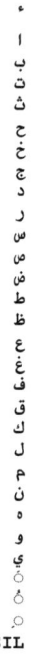

Figure 6.5 : Fichier acommand.phone de l'application acommand

- **Modèle de langage**

Le modèle de langage adopté dans l'application acommand est aussi un modèle trigramme, avec un poids linguistique de l'ordre de 6. Pour plus de détails sur le fichier de configurations (voir annexe B).

3. Configuration des paramètres du système

Dans cette partie, nous décrivons toutes les expériences réalisées, dans le cadre de ce travail en utilisant les deux bases de données adigits et acommand, dans le but de configurer le système pour mieux adapter la langue arabe. En effet plusieurs paramètres doivent être ajustés pendant l'apprentissage comme : nombre d'états par HMM, nombre de distributions de probabilité Gaussiennes et d'autres pendant le décodage comme : Silence Insertion Probability, Word Insertion Probability, Filler Insertion Probability, Language Weight (Poids linguistique).

3.1 Configuration des paramètres d'apprentissage

- **Nombre d'états par HMM**

Le système Sphinx-4 accepte seulement la configuration trois ou cinq états par HMM. Dans le but de tester l'effet du changement de nombre d'états par HMM le système a été entraîné en utilisant les deux configurations. Les deux modèles ont été ensuite testés par le taux d'erreur de mots (Word Error Rate, WER)[29]. Les résultats du test, comme indiqué dans le tableau 6.3, montrent que le taux d'erreur de mots pour 5 états par HMM et mieux comparé a 3 états par HMM.

---

[29] WER : Le taux d'erreur de mots, ou Word Error Rate (WER) en anglais, est une unité de mesure classique pour mesurer les performances d'un système de reconnaissance vocale.
Le WER indique le taux de mots incorrectement reconnus par rapport à un texte de référence. Il est donné par la formule suivante :

$$WER = \frac{S + D + I}{N}$$

Où:
- **N** est le nombre de mots de référence,
- **S** est le nombre de substitutions (mots incorrectement reconnus),
- **D** est le nombre de suppressions (mots omis),
- **I** est le nombre d'insertions (mots ajoutés),

Nombre d'états par HMM	Taux d'erreur de mots (WER)
5	39.1
3	46.21

Tableau 6.3 : Taux d'erreur de mots (WER) calculé pour 3 et 5 états par HMM.

- **Nombre de distributions de probabilité Gaussiennes**

Dans le but de tester l'effet du changement du nombre de distributions de probabilité Gaussiennes sur la performance du système, ce dernier été entraîné et testé pour différentes valeurs de Gaussiennes allant de 1 à 256 et ceci dans les deux cas de 3 et 5 états par HMM. Les résultats des tests sont montrés dans les tableaux 6.4 et 6.5. Comme on peut bien le constaté (voir figure 6.6) les meilleurs résultats ont été enregistré pour 16 Gaussiennes.

Nombre de distributions de probabilité Gaussiennes	Taux d'erreur de mots (WER)
1	50.023
2	40.325
4	39.854
8	42.021
16	45.021
32	41.235
64	50.662
128	68.124
256	86.325

Tableau 6.4 : Taux d'erreur de mots (WER) calculé pour différent nombre de distributions de probabilité Gaussiennes dans le cas de 3 états par HMM.

Nombre de distributions de probabilité Gaussiennes	Taux d'erreur de mots (WER)
1	51.123
2	41.023
4	40.123
8	39.315
16	39.121

32	42.753
64	49.356
128	69.230
256	84.135

Tableau 6.5 : Taux d'erreur de mots (WER) calculé pour différent nombre de distributions de probabilité Gaussiennes dans le cas de 5 états par HMM.

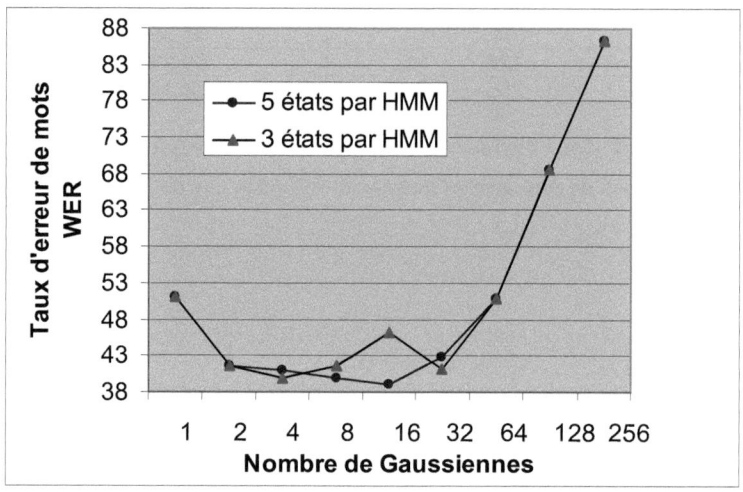

Figure 6.6 : Courbes montrant l'évolution du taux d'erreur de mots en fonction du nombre de Gaussiennes, dans les deux cas 3 et 5 états par HMM.

3.2 Configuration des paramètres de décodage

De meilleurs résultats pour le décodage ont été trouvés avec les paramètres donnés dans le tableau suivant :

Paramètre du décodeur Sphinx4	valeur
Silence Insertion Probability	0.112
Filler Insertion Probability	0.1
Word Insertion Probability	0.123
Language Weight= Poids linguistique	6 (7 est la valeur standard)
Relative Beam Width	$1.0e^{-65}$

Tableau 6.6 : Paramètres du décodeur Sphinx4 qui sont adaptés à la langue arabe.

4. Expériences et résultats

Dans le but d'évaluer les performances de notre système de reconnaissance de la parole arabe, pour les deux applications adigits et acommand, nous l'avons installé et testé sous Linux Mandriva avec un CPU 1.6 GHz et 512 Mb RAM. Des personnes des deux sexes sont invitées à prononcer les dix chiffres arabes de 0 à 9 dans le cas de l'application adigits et les différentes commandes dans le cas de acommand (voir figure 6.7 et 6.8). Nous avons enregistré le nombre de mots correctement reconnus, un taux moyen de reconnaissance a été calculé (voir tableau 6.7 et 6.8).

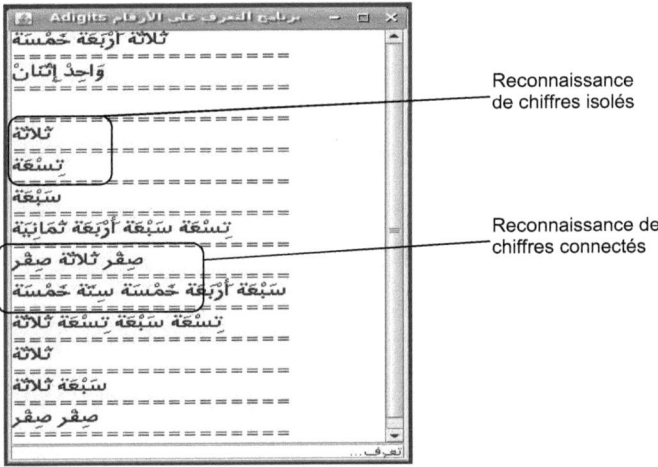

Figure 6.7 : Exécution de l'application adigits et affichage du résultat des mots reconnus en script arabe [(Satori et al., 2008);. (Satori et al., 2009)].

Figure 6.8 : Exécution de l'application acommand et affichage du résultat des mots reconnus en script arabe.

	Essai 1	Essai 2	Essai 3	Taux de reconnaissance
H1	9	9	9	90,00%
H2	10	9	9	93,33%
H3	10	9	9	93,33%
F1	9	9	10	93,33%
F2	10	9	8	86,67%
F3	9	9	10	93,33%

Tableau 6.7 (a): Résultats du test de l'application adigits pour des locuteurs individuels, où H désigne Homme et F femme (Satori et al., 2007).

Locuteurs	Nombre de locuteurs	Taux de reconnaissance
homme	13	95,56%
femme	9	93,34%

Tableau 6.7 (b): Taux de reconnaissance moyen pour des locuteurs des deux sexes, cas de l'application adigits (Satori et al., 2007)..

	Essai 1	Essai 2	Essai 3	Taux de reconnaissance
H1	29	28	26	89,25%
H2	28	28	26	88,17%
H3	26	24	28	83,87%
F1	25	23	28	81,72%
F2	28	24	25	82,80%
F3	24	28	25	82,80%

Tableau 6.8: Résultats du test de l'application acommand pour des locuteurs individuels, où H désigne Homme et F femme.

Locuteurs	Nombre de locuteurs	Taux de reconnaissance
homme	12	87,10%
femme	8	82,44%

Tableau 6.8: Taux de reconnaissance moyen pour des locuteurs des deux sexes cas de l'application acommand .

Les résultats sont très satisfaisants vu la taille de notre bases de données d'apprentissage qui est relativement petite. Il est recommandé de faire l'apprentissage (training) avec plus de 500 voix différentes (Huang, 2001) pour atteindre un taux de reconnaissance de 100%. Nous n'avons pas utilisé une base de données volumineuse pour l'apprentissage, mais nos résultats sont déjà encourageants.

5. Conclusion

Pour conclure, nous avons présenté dans ce chapitre deux applications pour la reconnaissance de la langue arabe de type mots connectés à locuteurs indépendants en utilisant un environnement basé entièrement sur la langue arabe (base de données de parole, base de données de texte, affichage, etc.). Le système, a été testé pour différents locuteurs dans le but d'évaluer ses performances. Les résultats de tests de reconnaissances sont satisfaisants. La réalisation du système a été faite avec succès.

Conclusion générale

Le travail présenté dans cette thèse s'intègre dans le cadre du traitement automatique de la parole, dans lequel nous avons étudié et réalisé un système de Reconnaissance Automatique de la Parole (RAP) en utilisant un environnement basé entièrement sur la langue arabe (base de données audio, base de données de texte, transcriptions, affichage de résultat, etc.). Le système utilise une modélisation markovienne qui est fondée sur un formalisme rigoureux et son application, à la RAP en général et la langue arabe en particulier, nécessite le choix de certains paramètres pour une meilleure représentation de la parole. A fin d'étudier les paramètres les mieux adaptés à la langue arabe nous avons développé un système de référence à base des modèles de Markov cachés pour la reconnaissance de la parole continue. Le système est constitué de modèles phonétiques dépendants du contexte, il a été mis au point avec la plate-forme Sphinx4 à travers la modification et la construction de nouveaux outils appropriés à la langue arabe ; il est représentatif des meilleures techniques actuellement disponibles dans le domaine de la RAP.

Dans la suite nous résumons les principales contributions et les observations que nous avons pu faire lors de notre étude et expérimentation :

<u>Une description détaillée</u>, pour la réalisation du système de RAP, est présentée dans les chapitres 5 et 6 et les annexes B et D, dans laquelle toutes les étapes de la réalisation du système sont décrites ainsi que les erreurs à éviter ce qui permet une réelle reproductibilité du système.

<u>Réalisation d'une base de données adigit,</u> pour la conception et l'évaluation d'algorithmes pour une application de la reconnaissance des chiffres, de 0 à 9, connectés à locuteurs indépendants.

<u>Réalisation d'une base de données acommand,</u> pour la conception et l'évaluation d'algorithmes pour une application de la reconnaissance des 27 commandes Windows (exemple.., فَتْحْ, إِغْلاق).

<u>Expérimentation et performance :</u> Une procédure automatique a été utilisée pour générer différents modèles acoustiques avec différents paramètres nous a

permis de valider un certain nombre de choix sur la représentation du signal et les paramètres d'apprentissages et de décodages les mieux adaptés pour la RAP de la langue arabe. Nous avons obtenu des performances satisfaisantes lorsque les HMMs d'apprentissages sont à 5 états par HMM et les distributions de probabilités sont 16 densités Gaussiennes. Les paramètres de décodages les mieux adaptés à la langue arabe sont donnés dans le tableau suivant :

Paramètre du décodeur Sphinx4	valeur
Silence Insertion Probability	0.112
Filler Insertion Probability	0.1
Word Insertion Probability	0.123
Language Weight= Poids linguistique	6
Relative Beam Width	$1.0e^{-65}$

La modélisation Markovienne pour un problème de reconnaissance de la parole n'est pas une tâche simple. Cette difficulté est accrue par le manque de travaux concernant la langue arabe, ce qui nous a contraint à choisir parfois empiriquement des paramètres.

Le système de RAP réalisé dans le cadre de ce travail n'est pas optimal mais ses performances le classe honorablement par rapport aux systèmes développés par d'autres auteurs ouvrant dans le domaine de la reconnaissance de la langue arabe. De nombreuses études restent nécessaires pour apporter des améliorations au système, notamment l'utilisation des bases de données d'apprentissages plus importantes et plus variées.

Une continuité de ce travail peut se faire dans ce sens en tentant d'améliorer les différents paramètres déterminants dans les performances des systèmes tels que le nombre d'états, les distributions de probabilités, la quantité de données d'apprentissage l'aspect linguistique etc. Ce qui nous amène à réfléchir à construire des bases de données plus larges pour la création et les tests d'un système grand vocabulaire, à développer un algorithme pour l'automatisation de la préparation du dictionnaire à partir d'un texte arabe et en fin la mise au point d'un modèle de langage plus réaliste.

Références

- (url, htk), http://htk.eng.cam.ac.uk/
- (url, IPA), http://www.arts.gla.ac.uk/IPA/ipa.html
- (url, sourceforge), http://cmusphinx.sourceforge.net/sphinx4
- (url, sphinx), http://www.speech.cs.cmu.edu/
- (url, sphinxtutorial), http://www.speech.cs.cmu.edu/sphinx/tutorial.html
- (url, wavesurfer), http://www.speech.kth.se/wavesurfer/
- Al-Ani S. H., (1970), "Arabic Phonology", The Hague: Mouton.
- Alotaibi A. Y., (2005), "Investigating spoken Arabic digits in speech recognition setting" Inf. and Comp. Sc. pp.173, 115.
- Al-Muhtasib, Husni, Moustafa Elshafei and Mansour Al ghamdi, (2000), "Techniques for High Quality Arabic Speech Synthesis", The Third KFUP Workshop on Information & Computer Science, 73-82.
- Al-Zabibi M., (1990), "An Acoustic–Phonetic Approach in Automatic Arabic Speech Recognition," The British Library in Association with UMI.
- Attias H., Deng L., Acero A., Platt J.C., (2001), "A new method for speech denoising and robust speech recognition using probabilistic Models for Clean speech and for noise". Proc. EUROSPEECH, Aallborg, pp. 1903-1906.
- Bahl L.R, Brown P.F., Souza P.V de, Mercer R.L., (1986), "Maximum mutual information estimation of Hidden Markov models parameters for speech recognition", Proc. ICASSP, TOKYO, PP.185-188.
- Baker J., (1975), "Stochastic Modelling as a Means of Automatic Speech Recognition", Ph.D. Dissertation, Carnegie Mellon University.
- Baker J.K., (1975), "The Dragon system- AN Overview, IEEE Trams. Acoust. Speech, Signal Proc. 23, 24-29.
- Baloul S., (2003), "Développement d'un système de synthèse de la parole à partir du texte arabe voyellé ", thèse de doctorat, Université Du Maine Le Mans.
- Barras C., (1995), " Reconnaissance de la parole continue : Adaptation au locuteur et contrôle temporel dans les Modèles de Markov Cachés ", thèse de doctorat, université Paris VI.
- Bellman R., (1957), "Dynamique programing", Princeton University Press.

- Bourlard H., Wellekens C., (2001), "Links between Markov models and multilayer perceptrons"IEEE Trans. PAMI 12, 1167-1178.

- Boite R ; Bourlard H., Dutoit T., Hancq J., Leich H. (2000), "Traitement de la parole" Collection électricité Presses polytechniques et universitaires romandes.

- Calliope, (1989), "La Parole et son traitement automatique", Masson.

- Cappé O., (2001), " Ten years of HMMs". http//www.enst.fr/cappe/docs/hmmbib.

- Caraty M.-J., (1987), "Contribution au decodage acoustico-phonétique: etudes de distances interspectrales et reconnaissance de cycles vocaliques", Thèse de l'université Paris 6.

- Chenfour N., Benabbou A., Mouradi A. 2000 : Elaboration d'un dictionnaire de di-syllabes pour un système TTS Arabe par concaténation. 6ème Conférence Maghrebine des Sciences Informatiques (MCSEAI'2000), pp. 361-368. FES, MAROC.

- Chenfour N., Benabbou A., Mouradi A. 2000 : Etude et évaluation de la di-syllabe comme unité acoustique dans le système de synthèse arabe PARADIS. Proceedings LREC, Volume I, Juin, pp 315-319. Athens, Greece, 31 May - 2 June 2000, pp. 315-319.

- Chenfour N., 2004. Etude des allongements syllabiques dans le système accentuel arabe. . Revue Internationale de Linguistique.. Fès, Maroc. N° 13. pp. 13-41.

- Chenfour N., 2006. Computer Applications and Arabic. Encyclopedia of Arabic Language and Linguistics. Brill Academic Publishers lemma 01, 13 Arabic, volume I summer 2005, Netherlands.

- Chenfour N., Mouradi A., Benabbou A. 1997 : Synthèse de la parole arabe par concaténation des Di-syllabes. Journées Scientifiques et Technique de l'AUPELF-UREF. Avignon, France.

- Cohen I., Cozman F.G., Sobe N., Cirelo M.C., Huang T.C., (2004), "Semisupervised Learning of classifiiers: Theory, Algorithms, and Their application to Human- Computer interaction", IEEE Trans. PAMI 26, 1553-1567.

- Cohen M., et al., (1990), "Hybrid neural network/hidden Markov model continuous speech recognition", Proc. ICSLP, Banff, pp. 915-918.

- Davis K.H., Biddulph R., Balashekso., (1952), "Automatic recognition of spoken digits", J. Acoust. Soc. Amer. 24, 637-642.

- Davis S. B., Mermelstein P. , (1980), "Comparison of parametric representations for monosyllabic word recognition in continuously spoken sentences", IEEE Trans. ASSP. 28, 357-366.

- Dempster A.P., Laird N.M., Rubin D.B., (1977), "Maximum likelihood from icomplete data via the em algorithm with discussion", Journal of the Royal statistical Society, B 39 1-38.

- Denis P., (1959), "The designe and operation of the mechanical speech recognizer at universitiy college lodon", J. British Inst. Radio Engr. 19, 211-229.

- Deshmukh N., Ganapathiraju A., Hamaker J., Picone J., Ordowski M., (Sept. 1999), "A public domain speech-to-text system", in *Proc. 6th European Conf. Speech Communication and Technology*, vol. 5, Budapest, Hungary, pp. 2127–2130.

- Doh S-J., (July 2000), "Enhancements to Transformation-Based Speaker Adaptation: Principal Component and Inter-Class Maximum Likelihood Linear Regression", Ph.D. Thesis, Department of Electrical and Computer Engineering, CARNEGIE MELLON UNIVERSITY.

- Dreyfus- Graf J., (1950), "Sonograph and sound mechanics", J. Acoust. Soc. Amer. 22, 731-739.

- Dudley H., Balashek S., (1958), "Automatic recognition of phonetic patterns in sppech" JASA, 30, 721-732.

- Dupond P., (1996), "Utilisation et apprentissage de modèle de langage pour la reconnaissance de la parole continue" Thèse de doctorat, ENST, Paris.

- El-Imam Y. A., (Dec. 1989), "An unrestricted vocabulary Arabic speech synthesis system ", IEEE Transaction on ASSP, 37:12,pp.1826-45.

- Elshafei M., (1991), "Toward an arabic text-to-speech system," The Arabian J. Science and Engineering vol. 4B no. 16, pp. 565–583.

- Fanty M., Schmid p., Cole R. A. (1993), "City name recognition over the telephone", Proc. ICASSP, Minneapolis, pp. 549-552.

- Fanty M., Schmid p., Cole R. A. (1993), "City name recognition over the telephone", Proc. ICASSP, Minneapolis, pp. 549-552.

- Fink G.A., (2008), "Markov models for pattern recognition from theory to application", Spring Verlag Berlin.

- Franzini M. et al (1994) "Connexionist viterbi training: a new hybrid method for continuous speech recognition", Proc. ICASSP, Albuquerque, pp. 425-428.

- Gish H.,(1990), "A probabilistic approach to the understanding and training of neural network classifiers", Proc. ICASSP, Albuquerque, pp. 1361-1364.

- Hadj-salah A., (1983), "A description of the characteristics of the Arabic language", Applied Arabic Linguistics, Signal & Information Processing, Rabat, Morocco

- Harris F. J.,(1978), "On the use of windows for harmonic analysis with discrete fourier transformation", Proc. IEEE 66, 51-83.

- Haton J.-P,(1998), "Reconnaissance de la parole et dialogue oral homme-machine", Techniques de l'ingénieur traité informatique.

- Haton M.-C., (1985), "Contribution à l'éducation vocale assistée par ordinateur : étude des voix et réalisation du système SIRENE", thèse de doctorat, université Nancy 1.

- Haton M.-C., Cerisara C., Fohr D., Laprie Y., Smaili K, (2006), "Reconnaissance automatique de la parole du signal a son interpretation",Universciens Dunod.

- Hong G. Z., (2002), "Speech Recognition Techniques for Digital Video Library," University of Hong Kong.

- Hopfield J. J. (1982), "Learning algorithm and probability distributions in feedforward networks", Proc. Nat. Acad. Sci. pp. 8429-8433.

- Huang W. Y., Lippmann R. P. (1990), "HMM speech recognition with neural net discrimination ", Advenced in neural information processing system 2, pp. 194-202.

- Huang X., Alleva F., Hon H. W., Hwang M. Y., Rosenfeld R., (1993), "The SPHINX-II speech recognition system: an overview", *Computer Speech and Language*, vol. 7, no. 2, pp. 137–148.

- Huang X., Alleva F., Wuen H, Hwang M-Y., Rosenfeld R., (2003), "The SPHINX-II Speech Recognition System: An Overview ", School of Computer Science Carnegie Mellon University, Pittsburgh, PA 15213.

- Huang X., et al., (2001), "Spoken Language Processing ", Upper Saddle River , NJ, Prentice Hall.

- Huang X.D., (1993), "The SPHINX-II Speech Recognition System: An Overview," Computer Speech and Language, Vol. 2.

- Huang X.D., Ariki Y., Jack M.A., (1990), "*Hidden Markov models for speech recognition,*" Edinburgh: Edinburgh University Press, C.

- Huerta J. M., (April 2000), "Robust Speech Recognition in GSM Codec Environments ", Ph.D. Thesis, Department of Electrical and Computer Engineering, CARNEGIE MELLON UNIVERSITY.

- Husni A-M., Elshafei M., Al ghamdi M., (2000), "Techniques for High Quality Arabic Speech Synthesis", The Third KFUP Workshop on Information & Computer Science, 73-82.

- Jacob B., (1995), "Un outil informatique de gestion de modèles de Markov cachés: experimentation en reconnaissance automatique de la parole" université Paul Sabatier Toulouse III.

- Jakobson R., Fant G., Halle M., (1952), "Preliminaries to speech analysis "The MIT Press, Cambridge, MASS USA first edition.

- Jameel N., K. Sabagh, (June 2002), "Speaker Identification Based on Discriminant Function and Hidden Markov Techniques for Isolated Arabic Word", Ph.D. Thesis, Department of Computer Engineering, Military College of Engineering.

- Jelinek F., (1997), "The Viterbi Search" in Statistical Methods for Speech Recognition, pp. 79–91, The MIT Press, Massachusetts.

- Jordan M.I., Ghahramani Z., Jaakkola T.S., Saul L.K., (1999), "An introduction to variational methods for graphical models", Machine Learning 37,183-233.

- Juang B. H., Rabiner L. R., Wilpon J. G. (1987), "On the use of bandpass liftering in speech recognition", IEEE Trans. ASSP 35, 947-954.

- Juang B.H., Katagiri S., (1992), "Dscriminative learning for minimum error classification", IEEE Trans. Signal Processing 40, 3043-3054.

- KACST, (2000), "Arabic Phonetics Database", Computer and Electronics Research Institute, King Abdulaziz City for Science and Technology, Riyadh.

- Kirchhoff K., Bilmes J., Das S., Duta N., Egan M., Ji G., He F., Henderson J., Liu_ D., Noamany M., Schone P., Schwartz R., Vergyri D., (2002), "Novel Approaches To Arabic Speech Recognition", the 2002 johns-hopkins summer workshop.

- Kwon O.W, Chan K., Lee T.-w, (2003), "Speech feature analysis using variationnel bayesian PAC", IEEE Signal processing Letters 10, 137-140.

- Lamel L., Gauvain J-L., Adda G.A., (2002), "Lightly Supervised and usupervised acoustic model training ", Computer Speech and Language 16, 115-129.

- Lazli L., Sellami M. (2002), "Proposition d'une architecture d'un système hybride HMM-PMC pour la reconnaissance de la parole arabe",7th Maghrebian Conf. On Computer Sciences, Volume I, Annaba, pp. 101-109.

- Lee K. F. (1989), "Automatic Speech Recognition the Development of the SPHINX System," Kluwer Academic Publishers.

- Lee K. F., Hon H. W., Reddy R., (Jan. 1990), "An overview of the SPHINX speech recognition system," *IEEE Transactions on Acoustics, Speech and Signal Processing*, vol. 38, no. 1, pp. 35–45.

- Lefevre F., (2000), "Estimation de la probability non-paramètrique pour la reconnaissance Markovienne de la parole" Thèse de doctorat de l'université Pierre et Marie Curie.

- Li X. X., Zhao Y., Pi X., Liang L. H., Nefian A. V., (Sept. 2002), "Audio-visual continuous speech recognition using a coupled hidden Markov model," in *Proc. 7th International Conf. Spoken Language Processing*, Denver, CO, pp. 213–216.

- Lippmann R. P., (1989), "Review of neural networks for speech recognition", Neural Computing 1, 1-38.

- Lippmann R. P., Singer E. (1993), "Hybrid neural- network/HMM approaches to wordspotting", Proc. ICASSP, Minneapolis, pp. I.565-I.568.

- Lubensky D. M. et al. (1994), "Connected gigit recognition using connectionist probability estimators and mixture Gaussian densities,"Proc. ICSLP, Yokohama, pp. 295-298.

- Markov A. A., (1913), "an example of statistical investigation in the text of eugene onyegin illustrating coupling of tests in chains ", in Proceedings of Academic Scientific St. Petersburg, VI, pages 153-162.

- Meo A.R, Righini G., (1965), "Riconoscitore istantaneo disuoni vocalici", Alta Frequenza 34, 256-263.

- Mitchell T. F., (1990), "Pronouncing Arabic: I", Clarendon Press: Oxford.

- Moreno P. J., (1996), "Speech Recognition in Noisy Environments" Ph.D. Thesis, Department of Electrical and Computer Engineering, CARNEGIE MELLON UNIVERSITY.

- Morgan N., Bourlard H. (1990), "Continuous speech recognition using multilayer perceptrons with hidden Markov models", Proc. ICASSP, Albuquerque, pp. II.26-II.30.

- Myers C.S, Rabiner L.R., (1981), "Connected digit recognition using a level building DTW algorithm", IEEE. Trams. ASSP 28, 623-636.

- Nedel J. P., (April 2004), "Duration Normalization for Robust Recognition of Spontaneous Speech via Missing Feature Methods", Ph.D. Thesis, Department of Electrical and Computer Engineering, CARNEGIE MELLON UNIVERSITY.

- Nguyen L., Xiang B., (2004), "Light supervision in acoustic model training", Proc. ICASSP, Montréal, PP 185-188.

- Ohshima Y., (1993), "Environmental Robustness in Speech Recognition using Physiologically-Motivated Signal Processing", Ph.D. Thesis, Department of Electrical and Computer Engineering, CARNEGIE MELLON UNIVERSITY

- Olson H.F, Belar H., (1956), "Phonetic Typerwiter".J.Acoust. So Amer. 28, 1072-1081.

- Personnaz L., (2003), "Réseaux de neurones formels pour la modélisation, la commande el la classification", CNRS edition.

- Price P., Fisher W.M., Bernstein J., and Pallet D.S.. The DARPA 1000-word Resource Management database for continuous speech recognition. In Proceedings ICASSP, volume 1, pages 651–654, 1988.

- Rabiner, L.R., Juang, B-H.(1993). "Fundamentals of Speech Recognition", Prentice-Hall, New Jersey.
- Rachedi J., (2005), "Reconnaissance et classification de phonèmes", mémoire de master Paris.
- Rajouani A., (1989), " Contribution à la Synthèse de la Parole Arabe par Règles ". Thèse de doctorat d'état, Université Mohamed V, Faculté des Sciences Rabat.
- Ravishankar M. K., (1996), "Efficient algorithms for speech recognition," PhD Thesis (CMU Technical Report CS-96-143), Carnegie Mellon University, Pittsburgh, PA.
- Richard M. D., Lippmann R. P. (1991), " Neural network classifiers estimate Bayesian a posteriori probabilities", Neural Computation 3, 461-483.
- Rosenberg A.E, Siohan O., Parathasarathy S. (1998), "Speaker verification using minimum verification error training", Proc. ICASSP, Seattle, pp. 105-108.
- Sakai T., Doshita S., (1962), "Recognition of Japanese vowls", Proc. IFIP Congress, Munich.
- Sakoe H., Chiba S., (1971), "A dynamic programing approach to continous speech recognition", Proc.7th Int. Congress on Acoustics, Budapset.
- Satori H., Harti M., Chenfour N., (2007a), "Arabic Speech Recognition System based on CMUSphinx", Proc. ISCIII2007, 3rd International Symposium on Computational Intelligence and Intelligent Informatics, art. no. 4218391, pp. 31-35, 2007.
- Satori H., Harti M. and Chenfour N., (2007b) "Introduction to Arabic Speech Recognition Using CMUSphinx System", Proc. of, ICTIS07 Fez, Morocco, 2007.
- Satori H., Chenfour N. and Harti M. "Investigation Arabic Speech Recognition From signal to its interpretation" Phys. Chem. News, Vol , 44 (2008).
- Satori H., Hiyassat H., Harti M. and Chenfour N. "Investigation Arabic Speech Recognition using CMU Sphinx System", The International Arab Journal of Information Technology, Vol 6, No 2, (2009).
- Seeger M., (2001), "Learning with Labeled and Unlabeled Data", Technical Report, University of Edinburgh.
- Selouani S.A., J. Caelen, (1999) "Recognition of Arabic phonetic features using neural networks and knowledge-based system: a comparative study", International Journal on artificial intelligence tools, world scientific publishing editors, Vol.8, N°1, pp. 73-103,.

- Slutsker G.S., (1968), "Nelinejnyp method analiza signalov", Trudy NIIR, N.2.

- Somervuo P., (2002), "Speech modeling using variationnel baysian mixtures of Gaussians", Proc. ICSLP, Denver, pp. 1245-1248.

- Valente F., Wellekens C., (2003), "Variational bayesian GMM for speech recognition", Proc. EURO SPEECH, Genéve, pp. 441-444.

- Varela A., Cuayáhuitl H., Nolazco-Flores J.A. (2003) "Creating a Mexican Spanish Version of the CMU Sphinx-III Speech Recognition System" Springer , Vol. 2905,.

- Vintsjuk T.K., (1968), "Recognition of words of oral speech by dynamic programing", Kibernetika, vol. 81, 8.

- Viterbi A.J., (1967), "Error Bounds for Convolutional Codes and an Asymptotically Optimum Decoding Algorithm", IEEE Transactions on Information Theory, Vol. IT-13, pp. 260–269.

- Wiren J., Stubbs H.L., (1956), "Electronic Binary selection System for phoneme classification", JASA, 28, 1082-1091.

- Young S.J., (1994), "The HTK Hidden Markov Model Toolkit: Design and Philosophy",CUED/F-INFENG/TR.152, Engineering Department, University of Cambridge, September 6.

- Yousfi A., (2002), "Introduction de la vitesse d'élocution et de l'énergie dans un modèle de reconnaissance automatique de la parole", Thèse de Doctorat, Faculté des Sciences Oujda.

- Yousfi A., (2006), " traitement automatique de la langue, texte et parole", édition et impression Bouregreg, Rabat, ISBN : 9954-423-98-2.

Listes des tableaux et figures

1. Liste de figures

- **Figure 2.1:** Architecture d'un système de reconnaissance automatique de la parole.

- **Figure 2.2 :** (a) Représentation temporelle d'un signal de parole correspondant à la phrase « al manzilo kabeeron » la maison est grande et (b) le spectrogramme correspondant, tous les deux générés par le logiciel praat.

- **Figure 2. 3 :** Signal analogique (en bas) et le signal numérique correspondant (en haut) (Huang, 2001).

- **Figure 2. 4 :** Résultat de préaccentuation d'un signal vocal correspondant au mot (منزل) manzel (maison).

- **Figure 2.5:** (a) fenêtres Hanning et (b) son spectre de fréquence en dB; (c) Fenêtres Hamming et (d) son spectre de fréquence en dB pour $N = 50$.

- **Figure 2.6 :** Signal sonore avant et après sa pondération avec la fenêtre Hamming.

- **Figure 2.7 :** Résumé des étapes de mise en forme d'un signal de parole.

- **Figure 2.8 :** Banc de filtre à échelle Mel pour le calcul des coefficients MFCC.

- **Figure 2.9 :** Schéma représentant les différentes étapes du calcul des coefficients MFCC.

- **Figure. 2.10 :** Modèle de Markov à 3 états.

- **Figure 2.11 :** Modèle gauche-droit ou modèle de Bakis à 3 états, le plus utilisé en reconnaissance de la parole.

- **Figure 2.12 :** Chaîne de Markov, modèle de Bakis
- **Figure 2.13 :** Modèle du mot « aller » a,l,é
- **Figure 3. 1(a):** Système Sphinx4.
- **Figure 3. 1(b):** Architecture simplifiée de Sphinx4.
- **Figure 3. 2(a) :** Diagramme de bloques fonctionnels de Sphinx4.
- **Figure 3.2 (b):** Contenu du package Sphinx4.
- **Figure 3. 3 :** Sous blocs du *FrontEnd* du système de Sphinx4.
- **Figure 3.4 :** Contenu du package *Frontend*.
- **Figure 3. 5 :** Détails sur *Knowledge base*.
- **Figure 3. 6 :** Architecture du Modèles acoustiques dans Sphinx4.
- **Figure 4.1 :** Principe de production d'une voyelle : à gauche, configuration du conduit vocale et, à droite, enveloppe du spectre fréquentiel correspondant pour les voyelles /i/ (en haut) et /a/ (en bas).
- **Figure 5.1 :** Extrait du fichier adigit.phone de l'application adigit.
- **Figure 5.2 :** Extrait du fichier adigit.filler de l'application adigit.
- **Figure 5.3 :** Extrait du fichier adigit.transcription de l'application adigit.
- **Figure 5.4 :** Extrait du fichier adigit.dic de l'application adigit.
- **Figure 5.5 :** Extrait du fichier adigit.fileids de l'application adigit.
- **Figure 5.6 :** Exécution du script Runall.pl.
- **Figure 5.7 :** Script Runall.pl, entrées et sorties.
- **Figure 5.8 :** Script Runall.pl, entrées et sorties.

- **Figure 6.1** : Spectrogramme pour visualisé le chiffre 4 (أربعة) locuteur 2 (Satori et al., 2007a), deuxième essai de la base de données adigits, généré par l'open source wavesurfer (url, wafesurfer).

- **Figure 6.2** : Fichier adigit.dic écrit en utilisant des scripts arabes non romanisées.

- **Figure 6.3** : Fichier adigit.phone écrit en utilisant des scripts arabes *non romanisées.*

- **Figure 6.4** : Fichier acommand.dic de l'application acommand.

- **Figure 6.5** : Fichier acommand.phone de l'application acommand.

- **Figure 6.6** : Courbes montrant l'évolution du taux d'erreur de mots en fonction du nombre de Gaussiennes, dans les deux cas 3 et 5 états par HMM.

- **Figure 6.7** : Exécution de l'application adigits et affichage du résultat des mots reconnus en script arabe.

- **Figure 6.8** : Exécution de l'application acommand et affichage du résultat des mots reconnus en script arabe.

2. Liste de tableaux

- **Tableau 4.1 a** : Tables des phonèmes arabes et leurs notations API(Yousfi, 2006).

- **Tableau 4.1 b** : Tables des phonèmes arabes et leurs notations SAFA(Chenfour, 2006).

- **Tableau 4.2** : Classification de Voyelles arabes.

- **Tableau 4.3** : Caractéristiques des consonnes arabes.

- **Tableau 4.4** : Modèles de Syllabe arabes (Al-Muhtasib et al., 2000).

- **Tableau 6.1**: Paramètres d'enregistrement utilisés pour la préparation de la base de données adigits.

- **Tableau 6.2**: Paramètres d'enregistrement utilisés pour la préparation de la base de données acommand.

- **Tableau 6.3** : Taux d'erreur de mots (WER) calculé pour 3 et 5 états par HMM.

- **Tableau 6.4** : Taux d'erreur de mots (WER) calculé pour différent nombre de distributions de probabilité Gaussiennes dans le cas de 3 états par HMM.

- **Tableau 6.5** : Taux d'erreur de mots (WER) calculé pour différent nombre de distributions de probabilité Gaussiennes dans le cas de 5 états par HMM.

- **Tableau 6.6** : Paramètres du décodeur Sphinx4 qui sont adapté à la langue arabe.

- **Tableau 6.7 (a):** Résultats du teste de l'application adigits pour des locuteurs individuels, où M désigne Homme et F femme.

- **Tableau 6.7 (b):** Taux de reconnaissance moyen pour des locuteurs des deux sexes pour l'application adigits.

- **Tableau 6.8 (a):** Résultats du teste de l'application acommand pour des locuteurs individuels, où M désigne Homme et F femme.

- **Tableau 6.8 (b):** Taux de reconnaissance moyen pour des locuteurs des deux sexes pour l'application acommand.

Annexes

Annexe A
Liste des publications

Revues internationales

- **Satori H.**, Chenfour N. and Harti M. "Investigation Arabic Speech Recognition From signal to its interpretation" Phys. Chem. News, Vol , **42**, 05 (2008).
  http://www.pcnjournal.com/4202_1219.htm

- **Satori H.**, H. Hiyassat, Harti M. and Chenfour N. "Investigation Arabic Speech Recognition using CMU Sphinx System", The International Arab Journal of Information Technology, Vol **6**, No 2, (2009).
  http://www.ccis2k.org/iajit/index.php?option=com_content&task=blogcategory&id=62&Itemid=293

- **Satori H.**, Harti M. and Chenfour N., "Automatic pronunciation dictionary for Arabic speech recognition system", submitted to Arabian journal of science and engineering AJSE (2007).
  http://scholar.google.com/scholar?hl=fr&lr=&cites=15557931810432051488

Conférences internationales

- **Satori H.**, Harti M., Chenfour N., "Arabic Speech Recognition System based on CMUSphinx", Proc. ISCIII2007 Agadir, 3rd International Symposium on Computational Intelligence and Intelligent Informatics, art. no. 4218391, pp. 31-35, 2007.

- **Satori H.**, Harti M. and Chenfour N., "Introduction to Arabic Speech Recognition Using CMUSphinx System", Proc. of, ICTIS07 Fez, Morocco, 2007.

Annexe B
Configuration de Sphinx4

1. Installation du Sphinx4

Sphinx4 peut être téléchargé du site Internet de CMU Sphinx[30], soit sous forme binaire ou sous forme code source pour les développeurs. Dans le cadre de ce travail c'est le code source qui est utilisé.

L'installation du Sphinx4 nécessite en plus des sources Sphinx4, des logiciels supplémentaires :

- Java 2 SDK, Standard Edition 5.0[31].
- Les différentes librairies qui composent Sphinx-4.
- Ant[32] : L'outil pour faciliter la compilation en automatisant les taches répétitives.

2. Préparation du modèle acoustique pour Java

Cette étape est très importante dans la mesure ou nous allons créer un fichier *jar* qui sert à faciliter l'utilisation du modèle acoustique dans les utilisations de reconnaissance ultérieures. Sphinx4 utilise un loader appelé *s3loader* pour lire les fichiers générés par SphinxTrain. Ce loader est délivré sous forme d'une template dans lequel, on doit faire quelques changements pour encapsuler notre modèle.

L'encapsulation du modèle acoustique, se fait en suivant les étapes suivantes :

- Tous les modèles acoustiques doivent être dans le répertoire sphinx4-1.0beta-src\sphinx4-1.0beta\models\acoustic[33].

---

[30] http://cmusphinx.sourceforge.net/sphinx4
[31] http://java.sun.com.
[32] http://ant.apache.org/

Annexe B   **Configuration de Sphinx4**   **H. Satori**

- Créer un répertoire appelé Adigit

sphinx4-1.0beta-src\sphinx4-1.0beta\models\acoustic\Adigit.

Il doit contenir les répertoires suivants :
Etc,
Dict,
cd_continuous_8gau.

Le nom de ce dernier répertoire n'est pas obligatoire, mais ce nom a été utilisé dans ce travail par analogie à la documentation de Sphinx4. Pour plus de détails consulter (url, cmusphinxtutorial).

- Mettre dans le répertoire etc les fichiers d'extension mdef (déjà préparés dans le chapitre 5).
- Copier dans le répertoire dict les deux dictionnaires d'extensions filler et dict.
- Copier dans le répertoire cd_continuous_8gau les fichiers paramètres de votre modèle (c'est-à-dire les moyennes, les variances, etc.)
- Créer[34] un fichier appelé model.props dans le répertoire Adigit voir figure suivante.

Dans le fichier model.props il y a des rappels sur les termes de licence open source de sourceforge[35], aussi les informations dans le modèle acoustique.

---

[33] Avec l'hypothèse : le fichier sphinx4-1.0beta-src.zip est décompressé dans le répertoire sphinx4-1.0beta-src.
[34] Avec un éditeur de texte comme Note pad.
[35] http:/sourceforge.net

```
# Copyright 2006-2007.
# This Acoustic model is copyrighted to 2007 MegaSoft, Inc.
# Portions Copyright 2007 CMU, Inc.
# All Rights Reserved. Use is subject to license terms.
description = Arabic Digits Models
modelClass = edu.cmu.sphinx.model.acoustic.Adigit.Model
modelLoader = edu.cmu.sphinx.model.acoustic.Adigit.ModelLoader

isBinary = true
featureType = 1s_c_d_dd
vectorLength = 39
sparseForm = false

numberFftPoints = 512
numberFilters = 40

minimumFrequency = 133.33334
maximumFrequency = 6855.4976
sampleRate = 16000

dataLocation = cd_continuous_1gau
```

Figure B.1 : Extrait du fichier model.props utilisé dans mon modèle adigit.

Après cette phase de préparation, nous allons utiliser Ant pour terminer l'encapsulation.

Ant utilise un fichier xml pour configurer et automatiser le processus de compilation des projets java. Le fichier par défaut est appelé "build.xml".

Dans la suite on va procéder à la modification du fichier build.xml en faisant les étapes suivantes :

2.1. Modification des propriétés dans le fichier build.xml

Dans le fichier build.xml, il y a une section appelée "For generating the wsj..." dans laquelle nous allons ajouter les lignes suivantes (figure B.2)

```xml
<!-- ************************************************************ -->
<!-- *                                                            * -->
<!-- * For generating the WSJ and TIDIGITS models.                * -->
<!-- *                                                            * -->
<!-- ************************************************************ -->
<property name="wsj_name" value="WSJ_8gau_13dCep_16k_40mel_130Hz_6800Hz" />
<property name="wsj_data_dir" value="models/acoustic/wsj" />
<property name="wsj_8kHz_name" value="WSJ_8gau_13dCep_8kHz_31mel_200Hz_3500Hz" />
<property name="wsj_8kHz_data_dir" value="models/acoustic/wsj_8kHz" />
<property name="tidigits_name" value="TIDIGITS_8gau_13dCep_16k_40mel_130Hz_6800Hz" />
<property name="tidigits_data_dir" value="models/acoustic/tidigits" />
<property name="Adigits_name" value="~Adigits" />
<property name="Adigits_data_dir" value="models/acoustic/Adigits" />
<!-- ************************************************************ -->
```

Figure B.2 : Ajout des propriétés au fichier build.xml.

2.2. Modification des lignes de production des classes du modèle

Dans la section appelée "create_model_classes", est ajoutée après la dernière antcall, les lignes suivantes (figure B.3) :

```xml
<!-- ************************************************************ -->
<!-- *                                                            * -->
<!-- * Create/Delete the acoustic model class files.              * -->
<!-- *                                                            * -->
<!-- ************************************************************ -->
<target name="create_all_model_classes" description="Creates all the model class files.">
    <antcall target="create_my_model_classes">
        <param name="my_model_name" value="${wsj_name}" />
    </antcall>
    <antcall target="create_my_model_classes">
        <param name="my_model_name" value="${wsj_8kHz_name}" />
    </antcall>
    <antcall target="create_my_model_classes">
        <param name="my_model_name" value="${tidigits_name}" />
    </antcall>
    <antcall target="create_my_model_classes">
        <param name="my_model_name" value="${Adigits_name}" />
    </antcall>
</target>
```

Figure B.3 : Ajout des lignes de production des classes, pour l'application adgits, dans build.xml

2.3 Modification des lignes de suppression des classes du modèle dans *build.xml*

Cette phase n'est pas obligatoire mais il est souhaitable de la faire pour être conforme à la structure générale du fichier. Recherchez la zone appelée "delete_my_model_classes" et ajouter les lignes suivantes :

```
<antcall target="delete_my_model_classes">
        <param name="my_model_name" value="${Adigit_name}"/>
</antcall>
```

2.4. Modification des lignes pour la création d'un archive Java

Recherchez le Ant target appelé "create_all_models" et ajoutez les lignes suivantes :

```
<antcall target="create_my_model">
        <param name="my_model_data_dir" value="${Adigits_data_dir}"/>
        <param name="my_model_name" value="${Adigits_name}"/>
</antcall>
```

Après l'exécution de la commande
ant build.xml[36],

Dans le répertoire sphinx4-1.0beta-src\sphinx4-1.0beta\lib, il y a un ensemble de fichiers d'extension JAR (Java Archive); Ce sont les fichiers : *Sphinx4.jar* et *Adigit.jar* qui nous intéressent.

- Sphinx4.jar représente les librairies du framework, compilées et archivées dans un seul fichier pour faciliter leur emploi.
- Adigit.jar correspond à notre modèle acoustique.

---

[36] **N.B :** Pour pouvoir être compilé, Sphinx4 nécessite une implémentation du Java Speech API JSAPI. Pour le faire on exécute le fichier jsapi.exe qui existe dans le répertoire sphinx4-1.0beta-src\sphinx4-1.0beta\lib.

D'autres fichiers seront encore créés après la compilation dans le répertoire, mais sont d'un ordre d'importance inférieure.

Pour plus de détails consulter le Readme.html dans le répertoire sphinx4-1.0beta-src\sphinx4-1.0beta\demo\sphinx.

3. Configuration de Sphinx4

Dans le paragraphe précédent, nous avons préparé notre modèle acoustique, mais pour l'exploiter, nous devons configurer le Sphinx4.

Fichier de configuration

La configuration du Sphinx4 est faite par le biais d'un fichier de configuration écrit en XML, qui définit les points suivants :

- Les noms et les types de tous les composants du système.
- La connectivité des composants.
- La configuration détaillée de chaque composant.

L'interface qui définit la structure générale du processus de configuration comporte les trois étapes suivantes :

1. Construction : appel au constructeur du composant qui ne fait pas grande chose.
2. Registration des propriétés du composant. Après la construction, la fonction register est appelée pour enregistrer ses paramètres.
3. Configuration : après la registration, la fonction newProperties est appelée avec une PropertySheet comme paramètre. La feuille de propriétés PropertySheet est issue du fichier de configuration XML.

Si le composant possède des propriétés qu'on peut configurer, sa déclaration dans le fichier de configuration sera :

```
<config>
<component name="speechClassifier"
type="edu.cmu.sphinx.frontend.endpoint.SpeechClassifier">
```

```xml
<property name="threshold" value="13"/>
</component>
</config>
```

Nous avons défini un composant appelé speechClassifier qui a pour but de différencier entre le signal parole et le bruit selon un seuil que nous avons spécifié dans la propriété threshold et que nous avons donné une valeur égale à 13.

Les propriétés peuvent être des types suivants :
- Boolean : la valeur peut être ou bien "true" ou bien "false".
- Float : une valeur à virgule flottante simple précision.
- Double : une valeur à virgule flottante à précision double.
- Int : un entier signé sur 32 bit
- String : une séquence de caractères.
- Component : le nom d'un autre composant.
- String List : une liste de Strings.
- Component List : une liste de Composants.

Les listes sont définies dans un bloc xml : propertylist, et chaque élément sera défini dans un bloc item.

3.2. FrontEnd

Le rôle du FrontEnd est de préparer les vecteurs d'observations qu'il faut utiliser pour la reconnaissance. La figure B.4 montre un extrait de la configuration FrontEnd de l'application adigits.

```xml
<!-- ******************************************************* -->
<!-- The live frontend configuration -->
<!-- ******************************************************* -->
<component name="epFrontEnd" type="edu.cmu.sphinx.frontend.FrontEnd">
<propertylist name="pipeline">
<item>microphone </item>
<item>speechClassifier </item>
<item>fft </item>
<item>melFilterBank </item>
<item>dct </item>
```

```xml
<item>featureExtraction </item>
</propertylist>
</component>
<!-- ********************************************************* -->
<!-- The frontend pipelines -->
<!-- ********************************************************* -->
<component name="speechClassifier"
type="edu.cmu.sphinx.frontend.endpoint.SpeechClassifier">
<property name="threshold" value="13"/>
</component>
<component name="nonSpeechDataFilter"
type="edu.cmu.sphinx.frontend.endpoint.NonSpeechDataFilter"/>
<component name="speechMarker"
type="edu.cmu.sphinx.frontend.endpoint.SpeechMarker" >
<property name="speechTrailer" value="50"/>
</component>
<component name="premphasizer"/>
<component name="fft"
type="edu.cmu.sphinx.frontend.transform.DiscreteFourierTransform">
</component>
<component name="melFilterBank"
type="edu.cmu.sphinx.frontend.frequencywarp.MelFrequencyFilterBank">
</component>
<component name="dct"
type="edu.cmu.sphinx.frontend.transform.DiscreteCosineTransform"/>
<component name="liveCMN"
type="edu.cmu.sphinx.frontend.feature.LiveCMN"/>
<component name="featureExtraction"
type="edu.cmu.sphinx.frontend.feature.DeltasFeatureExtractor"/>
<component name="microphone"
type="edu.cmu.sphinx.frontend.util.Microphone">
<property name="closeBetweenUtterances" value="false"/>
</component>
```

Figure B.4 : Extrait de la configuration du frontend pour l'application Adigits.

3.3 Configuration du modèle acoustique

La figure B.5 montre un extrait de la configuration Acousticmodel de l'application adigits.

```xml
<!-- ********************************************************* -->
<!-- The acoustic model configuration -->
<!-- ********************************************************* -->
<component name="Adigit"
```

```
type="edu.cmu.sphinx.model.acoustic.Adigit.Model">
<property name="loader" value="sphinx3Loader"/>
<property name="unitManager" value="unitManager"/>
</component>
<property name="logMath" value="logMath"/>
<property name="unitManager" value="unitManager"/>
</component>
```

Figure B.5 : Extrait de la configuration du Acousticmodel pour l'application Adigits.

3.4 Configuration du dictionnaire

```
<!-- ******************************************************* -->
<!-- The Dictionary configuration -->
<!-- ******************************************************* -->
<component name="dictionary"
type="edu.cmu.sphinx.linguist.dictionary.FullDictionary">
<property name="dictionaryPath"
value="resource:/edu.cmu.sphinx.model.acoustic.Adigit.Model!/edu/cmu/sphinx
/model/acoustic/Adigit/dict/time.dic"/>
value="resource:/edu.cmu.sphinx.model.acoustic.Adigit.Model!/edu/cmu/sphinx
/model/acoustic/Adigit/dict/time.filler"/>
<property name="addSilEndingPronunciation" value="false"/>
<property name="unitManager" value="unitManager"/>
</component>
```

Figure B.6 : Extrait de la configuration du dictionary pour l'application Adigits.

3.5 Création de fichiers de grammaire

Les fichiers de grammaire sont des fichiers d'extension gram ou trigram. On peut changer la grammaire utilisée pendant l'exécution de l'application pour avoir plus de flexibilité.

Pour préciser la grammaire utilisée, on doit encore la configurer dans le fichier de configuration; Voici un extrait des fichiers Adigit.gram et adigits.trigram de l'exemple Adigit

Fichier Adigit.gram
```
#JSGF V1.0;

/**
 * JSGF Digits Grammar for Hello World example
 */
```

```
grammar digits;

public <numbers> = ( صِفـر | وَاحِد | إثْـنَان | ثَلاثَـة | أَرْبَـعَة | خَمْسَة | سِتَة | سَبْعَة
                     | ثُـمَـانِيَة | تِسْعَة ) * ;
```

Figure B.7 : Fichier Adigit.gram pour l'application Adigits.

```
##########################################################################
###
## Copyright (c) 1996, Carnegie Mellon University, Cambridge University,
## Ronald Rosenfeld and Philip Clarkson
##########################################################################
###
==========================================================================
===
===============  This file was produced by the CMU-Cambridge
===============
===============        Statistical Language Modeling Toolkit
===============
==========================================================================
===
This is a 3-gram language model, based on a vocabulary of 13 words,
   which begins "</s>", "<s>", "أَرْبَعَة"...
This is a CLOSED-vocabulary model
   (OOVs eliminated from training data and are forbidden in test data)
Good-Turing discounting was applied.
1-gram frequency of frequency : 10
2-gram frequency of frequency : 21 0 0 0 0 0
3-gram frequency of frequency : 31 0 0 0 0 0
1-gram discounting ratios : 0.91
2-gram discounting ratios :
3-gram discounting ratios :
This file is in the ARPA-standard format introduced by Doug Paul.

p(wd3|wd1,wd2)= if(trigram exists)         p_3(wd1,wd2,wd3)
                else if(bigram w1,w2 exists) bo_wt_2(w1,w2)*p(wd3|wd2)
                else                         p(wd3|w2)

p(wd2|wd1)= if(bigram exists) p_2(wd1,wd2)
            else              bo_wt_1(wd1)*p_1(wd2)

All probs and back-off weights (bo_wt) are given in log10 form.

Data formats:

Beginning of data mark: \data\
ngram 1=nr              # number of 1-grams
ngram 2=nr              # number of 2-grams
ngram 3=nr              # number of 3-grams

\1-grams:
p_1     wd_1 bo_wt_1
\2-grams:
p_2     wd_1 wd_2 bo_wt_2
\3-grams:
p_3     wd_1 wd_2 wd_3

end of data mark: \end\
```

Annexe B — Configuration de Sphinx4

```
\data\
ngram 1=13
ngram 2=22
ngram 3=31

\1-grams:
-0.4914 </s>    -0.8888
-0.4500 <s>     -1.1926
-1.5328 أَرْبَعَة  -0.3080
-1.5328 إثْنَين  -0.3080
-1.5328 خَمْسَة  -0.3080
-1.5328 سَبْعَة  -0.3080
-1.5328 سِتَة    -0.3080
-1.5328 صِفْر    -0.3080
-1.5328 وَاحِد   -0.3080

\2-grams:
-0.0378 </s> <s> -0.1568
-1.0607 <s> 0.1761 أَرْبَعَة
-1.0607 <s> 0.1761 إثْنَين
-1.0607 <s> 0.1761 إثْنَان
-1.0607 <s> 0.1761 سَبْعَة
-1.0607 <s> 0.1761 سِتَة
-1.0607 <s> 0.1761 صِفْر
-1.0607 <s> 0.1761 وَاحِد
-0.1761 أَرْبَعَة </s> 0.7782
-0.1761 إثْنَين </s> 0.7782
-0.1761 إثْنَان </s> 0.7782
-0.1761 ثَلاثَة </s> 0.7782
-0.1761 ثَمَانِية </s> 0.7782
-0.1761 خَمْسَة </s> 0.7782
-0.1761 سَبْعَة </s> 0.7782
-0.1761 سِتَة </s> 0.7782
-0.1761 صِفْر </s> 0.7782
-0.1761 وَاحِد </s> 0.7782

\3-grams:
-1.0414 </s> <s> أَرْبَعَة
-1.0414 </s> <s> إثْنَين
-1.0414 </s> <s> إثْنَان
-1.0414 </s> <s> تِسْعَة
-1.0414 </s> <s> ثَلاثَة
-1.0414 </s> <s> ثَمَانِية
-1.0414 </s> <s> خَمْسَة
-0.3010 <s> أَرْبَعَة </s>
-0.3010 <s> إثْنَين </s>
-0.3010 <s> خَمْسَة </s>
-0.3010 <s> سَبْعَة </s>
-0.3010 <s> سِتَة </s>
-0.3010 <s> صِفْر </s>
-0.3010 <s> وَاحِد </s>
-0.3010 أَرْبَعَة </s> <s>
-0.3010 إثْنَين </s> <s>
-0.3010 إثْنَان </s> <s>
-0.3010 ثَلاثَة </s> <s>
-0.3010 ثَمَانِية </s> <s>
-0.3010 خَمْسَة </s> <s>
-0.3010 سَبْعَة </s> <s>
-0.3010 سِتَة </s> <s>
```

```
-0.3010 صفر </s> <s>
-0.3010 واحد </s> <s>

\end\
```

Figure B.8 : Extrait du modèle de langage 3-gram (Fichier Adigit.trigram) pour l'application Adigits.

```
##########################################################################
###
## Copyright (c) 1996, Carnegie Mellon University, Cambridge University,
## Ronald Rosenfeld and Philip Clarkson
##########################################################################
###
==========================================================================
===
==============   This file was produced by the CMU-Cambridge
==============
==============       Statistical Language Modeling Toolkit
==============
==========================================================================
===
This is a 3-gram language model, based on a vocabulary of 34 words,
   which begins "</s>", "<s>", "أذواث"...
This is a CLOSED-vocabulary model
   (OOVs eliminated from training data and are forbidden in test data)
Good-Turing discounting was applied.
1-gram frequency of frequency : 31
2-gram frequency of frequency : 63 0 0 0 0 0
3-gram frequency of frequency : 94 0 0 0 0 0
1-gram discounting ratios : 0.97
2-gram discounting ratios :
3-gram discounting ratios :
This file is in the ARPA-standard format introduced by Doug Paul.

p(wd3|wd1,wd2)= if(trigram exists)          p_3(wd1,wd2,wd3)
                else if(bigram w1,w2 exists) bo_wt_2(w1,w2)*p(wd3|wd2)
                else                         p(wd3|w2)

p(wd2|wd1)= if(bigram exists) p_2(wd1,wd2)
            else              bo_wt_1(wd1)*p_1(wd2)

All probs and back-off weights (bo_wt) are given in log10 form.

Data formats:

Beginning of data mark: \data\
ngram 1=nr            # number of 1-grams
ngram 2=nr            # number of 2-grams
ngram 3=nr            # number of 3-grams

\1-grams:
p_1     wd_1 bo_wt_1
\2-grams:
p_2     wd_1 wd_2 bo_wt_2
\3-grams:
p_3     wd_1 wd_2 wd_3

end of data mark: \end\
```

```
\data\
ngram 1=34
ngram 2=64
ngram 3=94

\1-grams:
-0.4818  </s>      -1.3378
-0.4680  <s>       -1.6391
-1.9869  أدوات     -0.3033
-1.9869  إدراج     -0.3033
-1.9869  إستبدال            -0.3033
-1.9869  إطار      -0.3033
-1.9869  إغلاق     -0.3033
-1.9869  إنهاء_العرض         -0.3033
-1.9869  الأخير    -0.3033
-1.9869  التالي    -0.3033
-1.9869  تنسيق     -0.3033
-1.9869  جديد      -0.3033
-1.9869  جدول      -0.3033
-1.9869  حفظ       -0.3033
-1.9869  خصائص     -0.3033
-1.9869  خط        -0.3033
-1.9869  خيارات    -0.3033
-1.9869  صورة      -0.3033
-1.9869  طباعة     -0.3033
-1.9869  عرض       -0.3033
-1.9869  فتح       -0.3033
-1.9869  قص        -0.3033
-1.9869  لصق       -0.3033
-1.9869  ملف       -0.3033
-1.9869  مساعدة    -0.3033
-1.9869  نسخ       -0.3033

\2-grams:
-0.0134  </s> <s>       -0.1694
-1.5119  <s>  أدوات     0.1761
-1.5119  <s>  إدراج     0.1761
-1.5119  <s>  إستبدال   0.1761
-1.5119  <s>  إطار      0.1761
-1.5119  <s>  إغلاق     0.1761
-1.5119  <s>  اللغة     0.1761
-1.5119  <s>  المستطرة  -0.1272
-1.5119  <s>  جديد      0.1761
-1.5119  <s>  جدول      0.1761
-1.5119  <s>  حفظ       0.1761
-0.1761  تخريب </s>      1.2175
-0.1761  تغليفات </s>    1.2175
-0.1761  تكبير </s>      1.2175
-0.1761  تنسيق </s>      1.2175
-0.1761  جديد </s>       1.2175
-0.1761  جدول </s>       1.2175
-0.1761  عرض </s>        1.2175
-0.1761  فتح </s>        1.2175
-0.1761  قص </s>         1.2175
-0.1761  لصق </s>        1.2175
-0.1761  ملف </s>        1.2175
-0.1761  مساعدة </s>     1.2175
-0.1761  نسخ </s>        1.2175
```

```
\3-grams:
-1.5051 </s> <s> أذواث
-1.5051 </s> <s> إذراج
-1.5051 </s> <s> إستبدال
-1.5051 </s> <s> إطار
-1.5051 </s> <s> إغلاق
-1.5051 </s> <s> الأخير
-1.5051 </s> <s> التالي
-0.3010 <s> فتح </s>
-0.3010 <s> قص </s>
-0.3010 <s> لصق </s>
-0.3010 <s> ملف </s>
-0.3010 <s> مساعدة </s>
-0.3010 <s> نسخ </s>
-0.3010 أذواث </s> <s>
-0.3010 إذراج </s> <s>
-0.3010 إطار </s> <s>
-0.3010 إغلاق </s> <s>
-0.3010 الأخير </s> <s>
-0.3010 التالي </s> <s>
-0.3010 السابق </s> <s>
-0.3010 اللغة </s> <s>
-0.3010 بحث </s> <s>
-0.3010 تغليمات </s> <s>
-0.3010 تكبير </s> <s>
-0.3010 تنسيق </s> <s>
-0.3010 جديد </s> <s>
-0.3010 جدول </s> <s>
-0.3010 حفظ </s> <s>
-0.3010 خصائص </s> <s>
-0.3010 خط </s> <s>
-0.3010 خيارات </s> <s>
-0.3010 صورة </s> <s>
-0.3010 طباعة </s> <s>
-0.3010 عرض </s> <s>
-0.3010 فتح </s> <s>
-0.3010 قص </s> <s>
-0.3010 لصق </s> <s>
-0.3010 ملف </s> <s>
-0.3010 مساعدة </s> <s>
-0.3010 نسخ </s> <s>

\end\
```

Figure B.9 : Extrait du modèle de langage 3-gram (Fichier acommand.trigram) pour l'application acommand.

Annexe C
Hypothèses simplificatrices pour un HMM

1. Hypothèses simplificatrices pour un HMM (Haton et al., 2006)

Notations

Soit $X = (X_1, X_2, \ldots, X_T)$ une suite d'observations de longueur T, par exemple une suite de vecteurs de paramètres MFCC.

Soit $Q = (q_1, q_2, \ldots, q_T)$ une séquence d'états : au temps t, le HMM est dans l'état q_t et engendre l'observation X_t. q_0 est l'état initial avant l'émission de la première observation.

Hypothèses simplificatrices

La mise en oeuvre pratique d'un HMM en reconnaissance de la parole, nécessite de poser un ensemble d'hypothèses simplificatrices résumées ci-dessous.

Hypothèse de base

On suppose que le signal de parole est produit par une suite d'états, chaque état étant gouverné par la loi statistique. Chaque unité de parole (phone, diphonie, mot) est associée à un modèle de Markov et la concaténation de tels modèles permet d'obtenir des mots ou des phases.

Hypothèse N° 1

Les probabilités $P(\omega_k)$ de la formule (eq. 2.2) peuvent être calculées séparément, c'est-à-dire sans données acoustiques. Habituellement, on utilise un modèle des langages appris sur une grande base de données de texte.

Hypothèse N° 2

La probabilité que le modèle de Markov soit dans l'état i au temps t ne dépend que de l'état du modèle de Markov au temps t-1 (modèle de Markov du premier ordre) :

$$P(q_t \mid q_{t-1}\, q_{t-2} \ldots q_0) \cong P(q_t \mid q_{t-1}) \tag{B.2}$$

Hypothèse N° 3

La chaîne de Markov est stationnaire :

$$P(q_t = j \mid q_{t-1} = i) \cong P(q_{t+v} = j \mid q_{t+v-1} = i) \quad \forall\, v \tag{B.3}$$

Hypothèse N° 4

La probabilité qu'un vecteur soit émis au temps t ne dépend pas des vecteurs précédemment émis (indépendance des observations) :

$$P(X_t \mid q_0\, q_1 \ldots q_t,\, X_1 X_2 \ldots X_{t-1}) \cong P(X_t \mid q_0\, q_1 \ldots q_t) \tag{B.4}$$

Hypothèse N° 5

La probabilité qu'un vecteur soit émis au temps t ne dépend pas des états précédemment visités, mais uniquement de l'état courant :

$$P(X_t \mid q_t\, q_{t-1} \ldots q_0) \cong P(X_t \mid q_t) \tag{B.5}$$

Hypothèse N° 6

La distribution des probabilités d'émission est approchée par un mélange de k lois normales (gaussiennes) de la forme :

$$b_j(X_t) = \sum_{i=1}^{k} \frac{c_i}{\sqrt{(2\pi)^d \left|\sum_i\right|}} \exp\left(-\frac{1}{2}(X_t - \mu_i)' \cdot \sum_i^{-1} (X_t - \mu_i)\right)$$

μ_i et $\sum_i$ représentent la moyenne et la matrice de covariance de la $i^{ème}$ loi normale, c_i est la pondération de la loi i (avec $\sum_{i=1}^{k} c_i = 1$), $|\sum_i|$ est le déterminant de la matrice $\sum_i$.

Annexe D

Fichier de configuration de Sphinx_train pour la langue arabe

```perl
# Configuration script for sphinx trainer              -*-mode:Perl-*-
#!/usr/bin/perl
## ===================================================================
##
## Copyright (c) 2006-2008 Hassan Satori -. All rights reserved.
##
## Redistribution and use in source and binary forms, with or without
## modification, are permitted provided that the following conditions are met:
##
## 1. Redistributions of source code must retain the above copyright
##    notice, this list of conditions and the following disclaimer.
##
## 2. Redistributions in binary form must reproduce the above copyright
##    notice, this list of conditions and the following disclaimer in
##    the documentation and/or other materials provided with the
##    distribution.
##
====================================================================
#
#   Author: Hassan Satori

$CFG_VERBOSE = 1;           # Determines how much goes to the screen.

# These are filled in at configuration time
$CFG_DB_NAME = 'acorpus';
$CFG_BASE_DIR = '/home/satori/SphinxTrain/acorpus';
$CFG_SPHINXTRAIN_DIR = '/home/satori/SphinxTrain/SphinxTrain';

$CFG_BIN_DIR = "$CFG_BASE_DIR/bin";
$CFG_GIF_DIR = "$CFG_BASE_DIR/gifs";
$CFG_SCRIPT_DIR = "$CFG_BASE_DIR/scripts_pl";

$CFG_EXPTNAME = "$CFG_DB_NAME";
$CFG_JOBNAME  = "$CFG_DB_NAME"."_job";
$CFG_FEATFILES_DIR = "$CFG_BASE_DIR/feat";
$CFG_FEATFILE_EXTENSION = 'mfc';
$CFG_MIN_ITERATIONS = 7;   # BW Iterate at least this many times
$CFG_AGC = 'none';
$CFG_CMN = 'current';
$CFG_VARNORM = 'no';
$CFG_LTSOOV = 'no';

$CFG_QMGR_DIR = "$CFG_BASE_DIR/qmanager";
$CFG_LOG_DIR = "$CFG_BASE_DIR/logdir";
$CFG_BWACCUM_DIR = "$CFG_BASE_DIR/bwaccumdir";
$CFG_MODEL_DIR = "$CFG_BASE_DIR/model_parameters";

#*******variables used in main training of models*******
$CFG_DICTIONARY     = "$CFG_BASE_DIR/etc/$CFG_DB_NAME.dic";
$CFG_LISTOFFILES    = "$CFG_BASE_DIR/etc/${CFG_DB_NAME}_train.fileids";
$CFG_TRANSCRIPTFILE = "$CFG_BASE_DIR/etc/${CFG_DB_NAME}_train.transcription";

#*******variables used in characterizing models*******

$CFG_HMM_TYPE = '.cont.'; # Sphinx III
#$CFG_HMM_TYPE = '.semi.'; # Sphinx II
```

Annexe D   Fichier de configuration de SphinxTrain pour l'arabe

```perl
if (($CFG_HMM_TYPE ne ".semi.") and ($CFG_HMM_TYPE ne ".cont.")) {
   die "Please choose one CFG_HMM_TYPE out of '.cont.' or '.semi.', " .
     "currently $CFG_HMM_TYPE\n";
}


if ($CFG_HMM_TYPE eq '.semi.') {
   $CFG_DIRLABEL = 'semi';
   $CFG_STATESPERHMM = 4;
   $CFG_SKIPSTATE = 'yes';
# Four (4) stream features for Sphinx II
   $CFG_FEATURE = "c/1..L-1/,d/1..L-1/,c/0/d/0/dd/0/,dd/1..L-1/";
   $CFG_NUM_STREAMS = 4;
   $CFG_INITIAL_NUM_DENSITIES = 256;
   $CFG_FINAL_NUM_DENSITIES = 256;
   die "For semi continuous models, the initial and final models have the same
density"
      if ($CFG_INITIAL_NUM_DENSITIES != $CFG_FINAL_NUM_DENSITIES);
} elsif ($CFG_HMM_TYPE eq '.cont.') {
   $CFG_DIRLABEL = 'cont';
   $CFG_STATESPERHMM = 5;
   $CFG_SKIPSTATE = 'no';
# Single stream features - Sphinx 3
   $CFG_FEATURE = "1s_c_d_dd";
   $CFG_NUM_STREAMS = 1;
   $CFG_INITIAL_NUM_DENSITIES = 1;
   $CFG_FINAL_NUM_DENSITIES = 16;
   die "The initial has to be less than the final number of densities"
      if ($CFG_INITIAL_NUM_DENSITIES > $CFG_FINAL_NUM_DENSITIES);

}
$CFG_N_TIED_STATES = 5000;
$CFG_NITER = 15;

#$MC=1;                            # uncomment if you want to use many machines
                                   # and you'll need an etc/mc_config
                                   # and increase CFG_NPART
$CFG_NPART = 1;           # Define how many pieces to run baum welch in

$CFG_FORCEDALIGN = 'no';
# hassan satori change it to 0.8 it was 0.004
#set convergence_ratio = 0.001
$CFG_CONVERGENCE_RATIO = 0.004;
$CFG_QPRIORITY = "priority";   # Not supported on this release

$CFG_QUESTION_SET =
"${CFG_BASE_DIR}/model_architecture/${CFG_EXPTNAME}.tree_questions";
#$CFG_QUESTION_SET =
"${CFG_BASE_DIR}/linguistic_questions/$linguistic_questions.txt";

$CFG_CP_OPERATION =
"${CFG_BASE_DIR}/model_architecture/${CFG_EXPTNAME}.cpmeanvar";

$CFG_OKAY_COLOR = '00D000';
$CFG_WARNING_COLOR = '525500';
$CFG_ERROR_COLOR = 'DD0000';

sub ST_DateStr()
{
    my (@time) = localtime(time());
    my ($day_str) = sprintf ("%4d-%02d-%02d %02d:%02d",(1900 + $time[3]),
($time[4]+1),$time[3],$time[2],$time[1]);
}

sub ST_CreateHeader {
    my $logfile = shift;
```

Annexe D Fichier de configuration de SphinxTrain pour l'arabe

```perl
    open ST_HTML_LOG,">$logfile";
    print ST_HTML_LOG "<html>\n";
    print ST_HTML_LOG "<META HTTP-EQUIV=REFRESH }
CONTENT=60>\n"; # Force reloading every 60 seconds
    #print ST_HTML_LOG "<meta http-equiv=\"content-type\" content=\"text/html;
charset=ISO-8859-1\">\n";
    print ST_HTML_LOG "<meta http-equiv=\"content-type\" content=\"text/html;
charset=1250\">\n";
    print ST_HTML_LOG "</head>\n";
    print ST_HTML_LOG
"<CENTER><h1>${CFG_BASE_DIR}/${CFG_EXPTNAME}</h1></CENTER>\n";
    print ST_HTML_LOG "<CENTER> <h3>$hostname</h3></CENTER>\n";
    print ST_HTML_LOG "<hr>\n";
    close ST_HTML_LOG;
}

sub ST_Log ()
{
    my $message = shift;
    my (@time) = localtime(time());
    my ($day_str) = sprintf ("%4d-%02d-%02d %02d:%02d",(1900 + $time[5]),
($time[4]+1),$time[3],$time[2],$time[1]);
    my $logfile = "$CFG_BASE_DIR/$CFG_EXPTNAME.html";

    print "$message" if $CFG_VERBOSE;
    if (!-s $logfile) {
        ST_CreateHeader($logfile);
    }
    open ST_HTML_LOG,">>$logfile";
    if ($message =~ m/^(MODULE:).*/) {
        print ST_HTML_LOG "<hr>\n";
        chomp ($message);
     print ST_HTML_LOG "<b>$message\t($day_str)</b>\n";   # Put Date information
on Module headers
    } else {
        print ST_HTML_LOG "$message";
    }
    close ST_HTML_LOG;
}

sub ST_HTML_Print ()
{
    my $message = shift;

    if (! -s $logfile) {
        ST_CreateHeader($logfile);
    }
    open ST_HTML_LOG,">>$logfile";
    print ST_HTML_LOG "$message";
    close ST_HTML_LOG;

}

sub ST_FormatURL ()
{
    my $path = shift;
    my $label = shift;
    my $url;

    if ($path =~ m/^\/.*/) {
        $url = "file:/";
    } else {
        $url = "file:/";
    }
    $url = "<a href=\"" . $url . "$path\">$label</a>";
    return $url;
```

Annexe D   Fichier de configuration de SphinxTrain pour l'arabe

```perl
}
sub ST_ImgSrc ()
{
    my $path = shift;
    my $url;
    if ($path =~ m/^\/.*/) {
    } else {
        $url = "file:///";
    $url = "<img src=\"" . $url . "$path\">";
    return $url;
}
sub ST_LogWarning ()
{
    my $message = shift;
    my (@time) = localtime(time());
 ($time[4]+1),$time[3],$time[2],$time[1]);BASE_DIR/$CFG_EXPTNAME.html";

    print "WARNING: $message" if $CFG_VERBOSE;
    if (! -s $logfile) {
        ST_CreateHeader($logfile);
    }
    open ST_HTML_LOG,">>$logfile";
    print ST_HTML_LOG "<p>WARNING: $message</p>";
    close ST_HTML_LOG;
}
sub ST_LogError ()
{
    my $message = shift;
    my (@time) = localtime(time());
    my ($day_str) = sprintf ("%4d-%02d-%02d %02d:%02d",(1900 + $time[5]),
($time[4]+1),$time[3],$time[2],$time[1]);
    my $logfile = "$CFG_BASE_DIR/$CFG_EXPTNAME.html";

    chomp ($message);           # remove \n if it exists

    print "ERROR: $message" if $CFG_VERBOSE;
    if (! -s $logfile) {
        ST_CreateHeader($logfile);
    }
    open ST_HTML_LOG,">>$logfile";
    print ST_HTML_LOG "<p>ERROR: $message</p>";
    close ST_HTML_LOG;
}
sub ST_Converged ()
{
  my $iter = shift;
  my $logdir = shift;
  my ($l,$p,$ratio);
  # See what happened at this iteration
  $l = `grep \"overall>\" $logdir/${CFG_EXPTNAME}.${iter}-*.bw.log | awk '{X +=
\$3;Y += \$6} END {print Y/X}'`;

  if ($iter > 1) {
      # See what happened last iteration
      $p = `grep \"overall>\" $logdir/${CFG_EXPTNAME}.${tmp_iter}-*.bw.log | awk
'{X += \$3;Y += \$6} END {print Y/X}'`;
      # Compute it's ratio
      $ratio = ($l-$p)/abs($p);
      &ST_Log ("\t\tRatio: $ratio\n");
  # Don't even bother checking convergence until we've reached a minimum number of
loops
  return 0 if ($iter < $CFG_MIN_ITERATIONS);
  return 1 if ($ratio < $CFG_CONVERGENCE_RATIO);
  return 2 if ($iter > $CFG_MAX_ITERATIONS);
}
  return 1;
```

Annexe E
Association Phonétique Internationale
[37] (url, IPA)

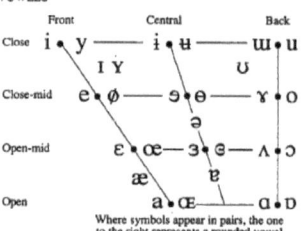

---

[37] Association Phonétique Internationale version révisée en 1996.

Annexe G
Algorithmes

G1. Algorithme de Viterbi

Pour une observation X constituée de T trames $X = (x_t, x_{t+1}, ..., x_{t+T})$,
On définit la quantité $\delta_t(i)$ suivante :

$$\delta_t(i) = \max_{Q_1, Q_2, ... Q_{t-1}} P(q_1, q_2, ..., q_t = q_t = s_i, x_1, x_2, ... x_t | \lambda) \quad (1 \leq i \leq N_Q) \text{(eq. G.1)}$$

C'est la probabilité d'émission de l'observation $X_{1,t} = x_1, x_2, ... x_t$ le long du chemin $Q_{1,t} = q_1, q_2, ..., q_{t-1}, s_i$ le plus probable parmi tous ceux qui aboutissent à l'instant t dans l'état s_i.

Initialisation :
$$\delta_1(i) = \pi_i b_i(x_1) \quad pour \quad (1 \leq i \leq N_Q) \quad \text{(eq. G.2)}$$

Récursion :
$$\delta_{t+1}(j) = \left[\max_{1 \leq i \leq N} \delta_t(i) a_{ij} \right] . b_j(x_t) \quad pour \quad (1 \leq j \leq N_Q) \quad \text{(eq. G.3)}$$

Terminaison :
Après la dernière itération (calcul des $\delta_T(i)$, $1 \leq i \leq N_Q$) la probabilité d'émission le long du chemin optimal est donnée par:

$$P = \max_Q P(X, Q | \lambda) = \max_{1 \leq i \leq N_Q} \delta_T(i). \quad \text{(eq. G.4)}$$

Les séquences d'états constituant les meilleurs chemins partiels sont mémorisées à chaque itération. L'algorithme de Viterbi permet de parcourir le treillis des états markoviens entre les instant t=1 et t=T, en ne gardant à chaque étape que les meilleurs chemins partiels.

G.2 Algorithme de Baum-Welch

Il n'y a pas de solution analytique au problème d'optimisation posé par l'équation (eq. 2.25), il existe une procédure itérative, appelée algorithme de Baum-Welch qui assure la convergence de $P(X|\Lambda)$ vers un maximum local. Cet algorithme est basé sur le fait qu'à partir d'une valeur donnée $\Lambda^{(n)}$ des paramètres, on accroît la vraisemblance $P(X|\Lambda)$ en maximisant par rapport à Λ la fonction auxiliaire suivante :

$$Q_{ML}(\Lambda, \Lambda^{(n)}) = \sum_Q P(X,Q|\Lambda^{(n)}) Log P(X,Q|\Lambda) \qquad \text{(eq. G.5)}$$

La sommation porte sur l'ensemble de toutes les séquences d'états Q susceptibles de correspondre à l'observation X.

La recherche d'un optimum local se fait par itérations successives, en partant d'un modèle initial $\Lambda^{(0)}$. A l'itération (n+1), de nouveau paramètres $\Lambda^{(n+1)}$ sont estimés à partir du modèle $\Lambda^{(n)}$. Il s'agit d'un processus en deux étapes :

- $Q_{ML}(\Lambda, \Lambda^{(n)})$ est calculée en utilisant les valeurs des paramètres courants $\Lambda^{(n)}$ (Expectation)

- La dérivation de $Q_{ML}(\Lambda, \Lambda^{(n)})$ par rapport à Λ permet d'obtenir les formules de réestimation donnant les nouveaux paramètres $\Lambda^{(n+1)}$ (maximisation).

Chaque itération permet d'accroître la valeur estimée de $P(X|\Lambda)$: $P(X|\Lambda^{(n+1)}) \geq P(X|\Lambda^{(n)})$. Un seuil fixe l'arrêt des itérations dès que $P(X|\Lambda)$ atteigne une valeur stable. Plus de détails sur cet algorithme dans (Rabiner, 1993).

G3. Algorithme d'apprentissage de Viterbi

C'est un algorithme d'apprentissage plus simple à implémenter, dans lequel les calculs de réestimation ne prennent en compte que la séquence d'états la plus probable pour X, et non l'ensemble de toutes les séquences d'états possibles. Cette procédure est basée sur l'approximation décrite par l'équation (eq. 2.17). Le critère d'optimisation précédent (eq. 2.25) devient :

$$\Lambda_{Viterbi} = \arg \max_{\Lambda} \left[\max_{Q} P(X,Q|\Lambda) \right] \qquad \text{(eq. G.6)}$$

Seul le chemin optimal est pris en compte dans l'estimation de la vraisemblance $P(X|\Lambda)$.

Les paramètres Λ à l'itération (n+1) $\Lambda^{(n+1)}$ sont estimés à partir de $\Lambda^{(n)}$ de la manière suivante :

- Les données de X sont alignées sur le modèle courant $\Lambda^{(n)}$ au moyen de l'algorithme de Viterbi, afin de déterminer pour chacune la séquence d'états optimale (Expectation).

- Le calcul des paramètres $\Lambda^{(n+1)}$ se fait à partir des statistiques recueillies sur l'ensemble des alignements (Maximisation).

Cette procédure conduit à des formules de réestimation beaucoup plus simples que dans le cas précédent.

Annexe F
Règles de Probabilités

Les seules règles de probabilités qui sont régulièrement utilisés dans ce travail se résument principalement aux trois règles suivantes :

Règle 1 : Loi de Bayes

$$P(A,B) = P(A|B) \cdot P(B) = P(B|A) \cdot P(A) \tag{F.1}$$

D'où :

$$P(A|B) = \frac{P(B|A) \cdot P(A)}{P(B)} \tag{F.2}$$

Règle 2: Si des éventements B_k sont mutuellement exclusifs et collectivement exhaustifs, nous avons :

$$P(A) = \sum_{\forall k} P(A|B_k) \tag{F.3}$$

Règle 3 : Loi de décomposition des probabilités jointes :

$$P(B_1, B_2, ..., B_n, ..., B_N) = \prod_{n=1}^{N} P(B_n | B_1, B_2, ..., B_{n-1}) \tag{F.4}$$

L'équation (F.4) est valable sans hypothèses particulières.

yes
Oui, je veux morebooks!

I want morebooks!

Buy your books fast and straightforward online - at one of the world's fastest growing online book stores! Environmentally sound due to Print-on-Demand technologies.

Buy your books online at
www.get-morebooks.com

Achetez vos livres en ligne, vite et bien, sur l'une des librairies en ligne les plus performantes au monde!
En protégeant nos ressources et notre environnement grâce à l'impression à la demande.

La librairie en ligne pour acheter plus vite
www.morebooks.fr

OmniScriptum Marketing DEU GmbH
Heinrich-Böcking-Str. 6-8
D - 66121 Saarbrücken
Telefax: +49 681 93 81 567-9

info@omniscriptum.com
www.omniscriptum.com

Printed by Books on Demand GmbH, Norderstedt / Germany